L'ARMISTICE DE 1871

PAR LE Lᵗ-COLONEL ROUSSET

LIBRAIRIE HACHETTE

Il a été tiré de cet ouvrage :
10 exemplaires sur papier de
Hollande, numérotés de 1 à 10;
30 exemplaires sur papier de
Madagascar, numérotés de 1
à 30. L'édition originale a été
tirée sur papier Alfa.

AVANT-PROPOS

L'ARMISTICE est tantôt une simple suspension d'armes, tantôt une interruption plus ou moins longue des hostilités, tantôt encore le prélude de leur cessation définitive. Il en est de très courts, — vingt-quatre heures, — pour enterrer les morts. Il en est qui se prolongent pendant des semaines, quand l'épuisement d'un des belligérants, et quelquefois des deux, rend la paix obligatoire. Il en est enfin qui procèdent de certaines combinaisons politiques ou militaires, lesquelles peuvent fort bien être trompeuses, comme cela est arrivé en 1813, quand Napoléon, après sa victoire de Bautzen, crut devoir accorder une trêve aux Alliés, qui en profitèrent pour se réunir et l'accabler.

Celui de 1871 relève de la deuxième catégorie. Consécutif à la chute de Paris, il a mis fin à une guerre de six mois, au cours de laquelle la France, insuffisamment préparée, n'avait guère subi que des revers. Il fut la première étape d'une paix douloureuse, qui nous laissait amputés et pantelants. Quand il nous prenait l'Alsace-Lorraine, Moltke avait dit : « Voilà de quoi obliger l'Europe à rester pendant cinquante ans sous les armes. » Il prit tout de même, mais la rupture d'équilibre ainsi opérée au profit d'un État devenu trop puissant et dévoré d'ambitions immenses a créé une situation troublée dont tout le monde a souffert. Et, dans les premières années du présent siècle, le malaise s'est aggravé au point de faire pressentir une crise mondiale, qui s'annonçait aux esprits perspicaces par les symptômes les plus alarmants. L'attitude altière et dominatrice d'un potentat déséquilibré, les événements du Maroc, les guerres balkaniques, les visées germaniques sur la Turquie et le proche Orient, tout annonçait une conflagration prochaine, qui probablement serait terrible. Comme une étincelle tombant sur un sac de poudre, le drame de Serajevo provoqua l'explosion redoutée. Mais s'il ne s'était pas produit, un autre aurait fait le même office. La catastrophe était dans l'air, menaçante et inévitable; elle nous guettait depuis plusieurs années déjà, comme une conséquence lointaine, mais fatale, de l'insoutenable état de choses créé par le traité de Francfort.

Remonter à ce traité ou à ses préliminaires, c'est-à-dire à l'armistice de 1871, c'est donc relier l'effet à ses causes, et ramener à leur première origine les sanglants événements dont le poids n'a pas cessé encore de nous accabler. Ils nous ont donné beaucoup de gloire, mais peu de profits. Souhaitons du moins qu'ils ne soient pas, comme ceux d'il y a cinquante-cinq ans, générateurs d'une nouvelle crise, et qu'un avenir plus paisible écarte enfin de nos esprits tant de présages alarmants.

Pour écrire les pages qui vont suivre, je me suis reporté d'abord aux documents officiels qui reposent dans les archives, mais aussi aux très nombreux ouvrages que nous ont laissés les acteurs mêmes du drame. En les rapprochant les uns des autres, il est facile de juger de leur sincérité et de leur exactitude. Cette lecture est sans doute assez pénible. Mais combien sont rares les heures où l'historien peut fouiller les souvenirs d'un passé pleinement heureux!

Janvier-mars 1926.

L'ARMISTICE DE 1871

CHAPITRE PREMIER

JOURS D'AGONIE

LE mois de janvier de cette année 1871 s'achevait dans les tristesses d'un morne hiver. Sous le ciel embrumé et bas, les fumées du canon se condensaient en gros nuages qui jetaient comme un manteau de ouate sur la banlieue parisienne, tandis que la rage impuissante de l'ennemi s'acharnait à bombarder la partie méridionale de la capitale. Le tir avait commencé le 5, et déjà dix mille projectiles environ étaient tombés sur les quartiers de Saint-Victor, du Jardin des Plantes, de l'École Militaire, du Panthéon, des Invalides; sur la bibliothèque Sainte-Geneviève, sur le jardin du Luxembourg — plein de baraquements d'ambulance — sur l'École Polytechnique et le couvent du Sacré-Cœur. Par un redoublement de barbarie, les Allemands visaient avec une sorte d'insistance les établissements hospitaliers, sans souci de la convention de Genève. C'est ainsi que l'asile d'aliénés de Montrouge avait reçu 127 projectiles, le Val-de-Grâce 75 et la Salpêtrière 31. A Versailles, où s'ébattaient des principicules dont les trônes devaient, quarante-sept ans plus tard, s'écrouler comme des châteaux de cartes, on trouvait cela très plaisant.

Des protestations s'étaient cependant fait entendre contre cette violation du droit des gens. Le 13 janvier, le gouvernement de la Défense nationale en avait adressé une, très formelle, au général de Moltke, lequel, avec une ironie toute tudesque, répondait que « les faits signalés ne se reproduiraient probablement plus dès que les batteries allemandes *seraient plus rapprochées de l'enceinte de Paris*, et qu'un temps clair rendrait le but de leur tir plus apparent. » Ce même jour les membres du corps diplomatique présents à Paris s'adressaient au comte de Bismarck, lui demandant de prescrire les mesures nécessaires pour que fussent protégés, dans leur personne et leurs propriétés, les nationaux dont ils étaient chargés. A quoi le chancelier, lourdement gouailleur à son habitude, ripostait : « Je suis depuis longtemps d'avis qu'une ville assiégée ne constitue pas une résidence convenable pour les agents diplomatiques. Il m'est d'ailleurs impossible de laisser en ce moment les étrangers quitter Paris; mais j'autoriserai volontiers les signataires de la requête à en sortir.... » On ne se moque pas du monde avec plus de désinvolture, et ceux à qui il s'adressait le comprirent. Ce fut là, d'ailleurs, l'unique tentative d'intervention faite par les puissances neutres pour arrêter des horreurs indignes de notre temps.

L'armée et la population civile, il faut le dire à leur honneur, avaient supporté vaillamment ces rudes épreuves, auxquelles s'ajoutaient celles d'une disette confinant maintenant à la famine. On avait mangé les animaux du Muséum, puis des chiens et même des rats, avec, pour accompagnement, un pain noir et cruellement indigeste, qui était fait avec de la paille ou des débris de foin. Devant les boulangeries et les boucheries à peu près vides, stationnaient en longues files des femmes émaciées qui attendaient, les pieds dans la neige ou dans la boue gluante, qu'on leur délivrât quelque maigre ration. La variole faisait de terribles ravages et la mortalité infantile était épouvantable. Bien que les forts, aux trois quarts démantelés, ripostassent encore à l'artillerie allemande devenue de jour en jour plus formidable, on sentait, en ce début d'année, que les convulsions de l'agonie approchaient.

Aucune brèche, à la vérité, n'existait encore dans le rempart. Mais l'enceinte extérieure, formée des ouvrages construits en 1840 et de quelques retranchements intermédiaires, était pilonnée avec fureur par les grosses pièces postées sur les hauteurs dominantes, dont l'éloignement, en raison des progrès accomplis dans l'artillerie depuis trente ans, n'était plus suffisant. On se rendra compte de son état, en lisant le rapport suivant adressé au gouverneur, le 22 janvier, par le vice-amiral de La Roncière Le Noury, commandant supérieur de la division des marins détachés à Paris. Il a trait au fort de Montrouge, brillamment défendu par les matelots canonniers ou fusiliers du capitaine de vaisseau (depuis vice-amiral) Amet. Mais il peut s'appliquer à beaucoup d'autres, qui n'étaient guère mieux traités. Seul, le Mont-Valérien faisait exception. Sa grosse artillerie, commandée par le lieutenant de vaisseau Nabona, causait plus de dégâts qu'elle n'en éprouvait. Il y avait là la fameuse *Joséphine*, pièce de marine de 240, qui, emmenée à Berlin, nous a été rendue en 1919, et est aujourd'hui au Musée de l'Armée. Elle fut, pendant le siège, un objet de grande curiosité.

« Notre bastion n° 4 n'est plus qu'une ruine ce soir, écrivait l'amiral. La batterie prussienne de l'Hay a commencé à faire ce que nous redoutions, c'est-à-dire à prendre à dos notre courtine 3-4, où sont établies les seules pièces avec lesquelles nous pouvons faire une diversion utile aux bastions 3 et 4…. Les blindages établis devant nos magasins à vivres, dans la cour du bastion 4, sont pulvérisés. Les voûtes des casemates sont entamées et les sacs à terre avec lesquels nous avons constitué un blindage intérieur ne peuvent donner une protection suffisante à nos vivres, au milieu desquels les obus pénètrent. Chaque nuit, nous retirons ce que nous pouvons, mais ce travail est difficile et dangereux. Une fois engagés dans ces débris, les hommes ne peuvent plus se garer lorsque le son du cornet à bouquin (avertisseur de l'arrivée d'un projectile) se fait entendre. Le mur de ce bastion a maintenant une large brèche et, du côté du fossé, les pierres du mur forment rampe….

« Les voûtes de presque tous nos magasins à poudre et à projectiles des remparts, trop faibles partout, ont fléchi par suite d'explosions de bombes, et nous avons dû les épontiller en attendant de pouvoir reprendre la maçonnerie. Les corps de logis de chaque côté de la porte sont devenus presque inhabitables; il est difficile de mettre les hommes de garde en sûreté….

« Enfin, les terres des parapets ont été si bien labourées par les obus qu'elles n'offrent plus de consistance; les travaux de réparation, rendus ainsi plus faciles peut-être, offriront moins de garanties de résistance. En même temps, le tir de l'ennemi a gagné de justesse, les coups d'embrasure se multiplient et, par suite, les accidents aux pièces. Les bombes nous donnent le coup de grâce…. »

L'ARMISTICE DE 1871

L'amiral de la Roncière ajoute : « L'esprit qui anime le personnel de Montrouge est parfait. » Et en effet, nulle part, dans les troupes vaillantes de l'armée et de la marine qui, formant la garnison des forts, avaient à supporter jour et nuit un feu meurtrier, n'apparaissaient des symptômes de défaillance. Mais il n'en était pas tout à fait de même dans les éléments fournis par la mobile ou la garde nationale, dont certaines fractions donnaient depuis longtemps déjà les pires exemples d'indiscipline et parfois même de lâcheté. Des bataillons entiers, recrutés dans les quartiers excentriques, avaient fui devant l'ennemi. D'autres, excités par des clubs qui faisaient assaut d'injures et de violence, prenaient la figure de bandes révolutionnaires, dressées contre le gouvernement et toutes prêtes à le renverser. Et au milieu de ce désordre les hommes au pouvoir semblaient complètement désorbités.

Ils se perdaient maintenant en discussions byzantines, où leur présomptueuse incapacité s'affirmait dans toute sa plénitude. Revenus de leur engouement pour le général Trochu, dont la faconde ne suffisait plus à masquer la débilité professionnelle, ils manifestaient à son égard autant de défiance qu'ils lui avaient montré naguère d'aveugle abandon, et cherchaient un remplaçant à lui donner. Mais où trouver quelqu'un qui ne fût pas pour eux un trop rigoureux censeur? « Il ne manquait pas assurément, surtout parmi les journalistes, — lit-on dans les rapports de l'Enquête parlementaire — d'entrepreneurs de délivrance qui promettaient la victoire pourvu qu'on voulût bien leur obéir. Mais leurs antécédents inspiraient si peu de confiance, et ils mettaient de telles conditions à leur concours que les membres du gouvernement n'osaient pousser la logique de leurs opinions jusqu'à cet excès manifeste. Ils continuaient donc à chercher parmi les hommes qui avaient fait la guerre, passant en revue les plus audacieux, les plus ardents, des généraux aux colonels, des colonels aux commandants, et, profondément surpris, ils trouvaient chez tous cette opinion unanime que les troupes ne s'improvisent pas et que la foule armée, sans instruction, sans discipline et sans cadres, quelle que soit sa foi politique, doit être certainement vaincue, dispersée par une armée régulière, fût-elle beaucoup moins nombreuse. »

Ces vérités semblaient dures aux sophistes qui avaient assumé la charge des affaires et que les réalités submergeaient. Aussi les séances du Conseil, où étaient fréquemment convoqués maintenant les généraux en vue, Ducrot, Vinoy, Tripier, de Bellemare et l'amiral de la Roncière, donnaient-elles l'impression du plus absolu désarroi. C'étaient des divagations confuses, des parlottes incohérentes, qui déroutaient les hommes de métier, obligés d'entendre des aphorismes aussi vagues que celui-ci, énoncé un jour par Jules Favre : « Les peuples seuls peuvent se défendre à outrance; l'offensive constante et combinée peut seule être menée et tenue par une bonne armée, *en entière communication d'idées avec le gouvernement de la Défense nationale.* » Et quant au général Trochu, qui présidait à ces congrès burlesques, on le voyait passer sans transition d'une idée à une autre, montrant ainsi qu'il n'en avait aucune. Tantôt il parlait de fatiguer l'ennemi par des actions partielles et isolées, tantôt il demandait qu'on préparât une tentative de large envergure, *à la fois militaire et religieuse!* Et il laissait la discussion s'égarer en des propositions plus ou moins saugrenues où manquaient le sens exact des choses, l'autorité, la fermeté des vues, et aussi le courage de s'avouer que la situation était irrémédiablement perdue, parce qu'on avait donné à la parole la primauté sur l'action et parce qu'on avait gâché dans l'incohérence des forces qui ne se retrouveraient plus.

Pendant ce temps, certains journaux couvraient d'injures le gouvernement de Paris et allaient même jusqu'à l'accuser de trahison. A quoi, au lieu de sévir, il ripostait par des proclamations dont l'effet était nul, tant on en avait abusé. L'une d'elles se terminait par cette déclaration aussi fière que maladroite : « Le gouverneur de Paris ne capitulera pas! » En l'état présent des affaires, c'était certainement s'aventurer beaucoup.

*
**

Sur ces entrefaites, étaient arrivées à Paris des dépêches de Gambetta un peu trop enthousiastes, en ce qu'elles présentaient la situation en province sous un jour beaucoup plus favorable qu'elle n'était réellement. A les en croire, l'état des armées de la Loire, du Nord et de l'Est s'était consolidé et permettait de larges espoirs. Il s'en fallait malheureusement de tout que cela fût exact et que se trouvât justifié l'optimisme affiché par le chef de la délégation. Mais ces nouvelles, jetées en pâture au public, donnèrent à l'opinion, maîtresse du gouvernement, une ardeur nouvelle, attisée avec frénésie par les journaux et par les clubs.

La presse était sans frein. Les organes qu'on appelait d'avant-garde, *Le Combat*, *La Patrie en danger*, *Le Réveil*, *Le Cri du Peuple*, où s'épandait la littérature enflammée de Félix Pyat, de Blanqui, de Delescluze, de Jules Vallès, prêchaient, en même temps que la résistance à outrance, l'indiscipline et la révolte, bien que ce fût parfaitement illogique. Que si des feuilles plus modérées s'efforçaient de ramener les esprits à la pondération et au calme, il n'en restait pas moins que leurs colonnes, comme les autres, regorgeaient d'indiscrétions fâcheuses sur les projets d'opérations et sur les préparatifs de celles-ci. Aucune censure n'existant d'ailleurs, il arrivait trop souvent que l'ennemi, qui avait des intelligences dans la place, était averti de tout ce qu'il eût fallu lui laisser ignorer. Et c'était là un premier inconvénient de cette licence. Mais il y en avait un autre, à savoir la pression exercée sur un gouvernement improvisé à qui ses origines révolutionnaires interdisaient toute fermeté, et dont la faiblesse congénitale se compliquait d'une incapacité radicale en matière militaire. N'ayant ni programme, ni méthode, ni volonté, il subissait toutes les influences sans même essayer de s'en dégager.

Quant aux clubs, ils pullulaient, surtout dans les quartiers de la périphérie. Mais ils n'étaient que des tréteaux où venaient s'ébattre les hâbleurs et les braillards. On y entendait les propositions les plus ridicules et souvent les plus subversives, clamées par des orateurs de carrefour, qui la veille s'étaient esquivés du feu ou devaient s'en esquiver le lendemain. C'étaient des officines de démentalisation publique qu'il aurait fallu fermer d'autorité.

Ils fonctionnèrent cependant sous l'œil condescendant des autorités, jusqu'à la veille de la capitulation.

Au reçu des nouvelles venues de province, clubs, journaux et population s'unirent pour sommer le gouvernement de faire une nouvelle et suprême tentative de sortie. Naturellement, le gouvernement s'inclina, et ce fut la bataille de Buzenval, livrée dans les conditions tactiques les plus mauvaises, avec, pour unique résultat, des pertes douloureuses. La veille avait été célébrée avec ostentation, dans la Galerie des Glaces du château de Versailles, la proclamation du nouvel empire allemand.

Le grave échec qu'on venait de subir, le furieux bombardement de Saint-Denis et des forts avoisinants[1], entamé le 21 janvier, les incendies allumés par les Allemands à Saint-Cloud et à Garches, enfin la disparition rapide des dernières denrées de consommation, tout cela avait porté à son comble l'excitation d'un peuple affamé et fiévreux, qui maintenant accablait de ses récriminations les ministres, les généraux et l'armée elle-même. On

---

1. Les Allemands, préludant à leur vandalisme de Reims, visèrent spécialement la basilique. Leur tir, commencé le 23 à une heure de l'après-midi, fut particulièrement violent le 25. Il s'ensuivit des dégâts considérables qu'avec une fureur impie ils augmentèrent encore pendant l'occupation.

était comme enragé. On ne parlait plus que de « sortie torrentielle, » sans trop savoir ce que cela voulait dire et peut-être sans avoir grande envie d'y participer. Gambetta lui-même, par le canal d'émissaires qui parvenaient à pénétrer dans la capitale ou par l'envoi de pigeons voyageurs, écrasait les hommes de l'Hôtel de Ville de ses objurgations. « Qu'attendez-vous pour agir? leur écrivait-il. Retarder plus longtemps, quel que soit le prétexte d'une pareille faiblesse, serait un acte coupable contre le pays, contre la République. Même indirectement, je ne veux pas m'y associer. En conséquence, si le 23 je n'ai pas reçu une dépêche nous annonçant qu'une sortie *sans esprit de retour* est engagée avec tous vos moyens, je ferai connaître la vérité tout entière. » Mais malgré ces brûlantes invites, qu'accompagnaient d'ailleurs des appréciations beaucoup trop tendancieuses sur la situation générale, le général Trochu, plus sage que de coutume, refusait obstinément de prêter son concours à un acte de désespoir qui n'était qu'insensé. Le gouvernement, alors, résolut de l'évincer.

Il venait d'apprendre la défaite du Mans, causée par la retraite affolée de troupes trop jeunes et inexercées, puis celle de Saint-Quentin. Il savait que, le 1er février, les derniers vivres seraient épuisés. Dans un conseil tenu au Ministère des

Affaires étrangères et auquel avaient été conviés les maires de Paris, Jules Favre exposa ces événements lamentables, mais n'en demanda pas moins une sortie en masse. Trochu s'y opposa formellement.

— Que le gouverneur donne sa démission, dit alors quelqu'un.

— Je ne le peux dans les circonstances présentes, répondit le général. Mais il est facile de me destituer. Mettez à ma place Le Flô, Ducrot ou Vinoy.

Les maires étaient dans un état de surexcitation presque maladive. Ils se disaient prêts à s'ensevelir sous les ruines de la cité. Ils affirmaient que la population préférait mourir de faim que de honte, et qu'elle vaincrait sûrement, si on voulait la conduire à l'ennemi. Paroles vaines, hélas! et qui n'étaient que de la déclamation. Il n'en fut d'ailleurs pas autre chose. Mais le gouverneur de Paris avait perdu toute autorité.

Disons, à l'honneur de son caractère, qu'il subit cette déchéance avec dignité. Aux attaques dont il était devenu l'objet, il ne répondait qu'en offrant de se retirer pour rester simplement membre du gouvernement. Celui-ci hésitait cependant encore devant une détermination dont il pouvait à bon droit redouter les conséquences, lorsque le 22, à trois heures du matin, on vint annoncer à Jules Favre que la populace avait envahi la prison de

L'ARMISTICE DE 1871

Mazas et délivré les turbulents personnages qu'elle tenait en cage depuis l'insurrection du 31 octobre. Parmi eux était le fameux Flourens. Le spectre de l'émeute se dressant ainsi tout à coup fit tomber les derniers scrupules du ministre des Affaires étrangères qui, sans même consulter ses collègues, avisa le général Vinoy qu'il était nommé commandant en chef de l'armée de Paris, en remplacement du général Trochu. Vinoy trouvait la charge pesante et la pilule amère. Mais il était soldat et homme de devoir. Pressé par son ami le général Le Flô, ministre de la Guerre, il ne rejeta pas le fardeau dont on l'accablait.

Quelques heures plus tard, une scène étrange se passait au Ministère de l'Instruction publique, dans le cabinet de Jules Simon. A la demande des maires de Paris, toujours férus de leur idée de sortie torrentielle, et que l'opposition précédemment faite à ce projet par plusieurs généraux ne satisfaisait pas, un certain nombre de commandants et de colonels avaient été convoqués pour donner leur avis. C'était faire assez bon marché des règles hiérarchiques; mais dans le désarroi de ces convulsions suprêmes on n'y regardait pas de si près. Aussi bien, la séance fut ce qu'elle pouvait être, un tumulte de paroles et d'opinions. Il n'en résulta pas moins de cette consultation insolite la constatation définitive d'une impuissance totale, et de la nécessité qui s'imposait d'une très prochaine capitulation. Les maires sortirent de là atterrés et déconfits.

***

Cependant, le parti de l'émeute, qui avait retrouvé ses chefs, Flourens, Millière, Léo Melliet, d'autres encore moins haut classés, relevait la tête et préparait ses batteries. L'effervescence toujours bouillonnante dans les quartiers excentriques gagnait de proche en proche, tandis que le gouvernement se désagrégeait. Le préfet de police, l'honnête mais faible Cresson, se sentait débordé par la démagogie et parlait de donner sa démission. Il n'y avait guère, dans tout le personnel gouvernemental, si l'on en excepte Jules Ferry dont l'énergie s'était déjà affirmée, que le nouveau commandant en chef qui fût capable de tenir en respect les révolutionnaires. Mais celui-là, du moins, ne faisait pas comme son prédécesseur. Il préférait les actes aux discours. Et les perturbateurs ne mirent pas longtemps à s'en apercevoir.

Le 22 janvier, à une heure de l'après-midi, les gardes nationaux de Ménilmontant et de Belleville débouchaient sur la place de l'Hôtel-de-Ville, déjà envahie par une foule hurlante que conduisait Flourens en uniforme de chef de bataillon, et qui réclamait à grands cris la Commune, déjà! Une fusillade éclatait, à laquelle ripostaient énergiquement les mobiles du Finistère, préposés à la garde du monument. Un de leurs capitaines était tué, et, de l'autre côté, les assaillants perdaient plusieurs hommes. Ils évacuèrent alors la place, mais s'embusquèrent dans les maisons avoisinantes, d'où ils continuèrent le feu. Ce fut pour peu de temps. Des renforts arrivaient, envoyés par le général Vinoy, et, en une demi-heure, ils eurent raison de l'échauffourée, qui leur coûtait tout de même 27 tués ou blessés. Quant aux insurgés, ils étaient plus éprouvés. Un de leurs commandants les plus exaltés, nommé Sapia, était mort; un capitaine du 101e bataillon, qui devait plus tard être fusillé pour sa participation au massacre des dominicains d'Arcueil et qui s'appelait Serizier, demeurait prisonnier.

Ce soulèvement criminel, en un pareil moment, semblait devoir appeler une répression sévère. Croirait-on qu'il n'y en eut aucune, ou à peu près? On traduisit bien les principaux coupables devant une cour martiale, mais celle-ci, par une interprétation judaïque des textes, se déclara incompétente, et il fallut recourir à la juridiction des conseils de guerre, dont la procédure est beaucoup plus lente. Elle n'était pas terminée quand éclata la Commune, si bien que l'affaire en resta là. Seuls deux journalistes, Félix Pyat et Delescluze, dont les violences épileptiques avaient trop largement contribué à troubler les cervelles, furent immédiatement saisis par le parquet. Mais le premier parvint à s'éclipser, tandis que le second bénéficiait d'un non-lieu, qui entraîna la démission du préfet de police. Leurs journaux, il est vrai, furent supprimés par le général Vinoy, et les clubs fermés. On jugera que cette dernière mesure, dont l'exécution d'ailleurs n'alla point sans quelques troubles, était relativement bénigne et venait, en tout cas, beaucoup trop tard.

CHAPITRE II

PREMIERS POURPARLERS

PENDANT ce temps, la disette accomplissait ce que ni la puissance des armes ni l'intimidation n'avaient pu faire, et le blocus achevait à lui tout seul l'œuvre avortée des canons Krupp. Le gouvernement comprit alors que s'entêter davantage serait aggraver encore une situation déjà fort angoissante, et le lundi 23 janvier, Jules Favre, accompagné du capitaine de mobiles d'Irisson d'Hérisson, officier d'ordonnance du gouverneur, et de son gendre, M. Martinez del Rio, s'achemina vers le pont de Sèvres, pour de là gagner Versailles et s'aboucher avec le redoutable chancelier. « Je ne consentais à aller à Versailles, a-t-il écrit, que pour échapper à une reddition pure et simple, qui me paraissait être le dernier terme de l'humiliation et du malheur. » Ses illusions, comme on le voit, étaient grandes, et ses espoirs assez peu fondés.

Six heures du soir sonnaient quand le ministre

des Affaires étrangères et ses deux compagnons arrivèrent au bord de la Seine. La nuit était tombée, le ciel brumeux et la température glaciale. Les eaux du fleuve, rougies par les reflets des incendies qui dévoraient Saint-Cloud, charriaient des glaçons qui s'entre-choquaient avec un bruit sinistre, couvert à intervalles par le tonnerre des canons, dont les lueurs fulgurantes éclairaient tout l'horizon. Décor funèbre, où les drames les plus noirs de l'école romantique auraient pu trouver leur cadre et se dérouler dans l'horreur.

Abrités sous un hangar aux trois quarts détruit par les obus, les trois hommes attendaient. Enfin, on leur amena une mauvaise barque, toute trouée par les balles et qui prenait l'eau. Ils y montèrent, naviguant péniblement à la godille à travers la débâcle des glaces, tandis que le capitaine d'Hérisson maniait l'écope pour vider la frêle embarcation. Jules Favre était comme anéanti. « Placé jusqu'à fleur de cette eau sombre qui me paraissait mêlée de sang, écrit-il, ayant devant moi les noires silhouettes des édifices d'où jaillissaient des tourbillons de feu et de fumée, je fus un instant accablé sous le poids du fardeau que j'avais accepté, et je crus qu'il allait m'écraser. » Mais déjà on abordait la rive ennemie et des officiers allemands se présentaient, devant qui il fallait faire bonne contenance. Le ministre reprit ses esprits et gagna une voiture qui attendait un peu plus loin. Elle le conduisit à Versailles, sous l'escorte d'un peloton de uhlans.

Bismarck habitait dans la cité royale, avec toute sa suite, une maison située 14, rue de Provence, que sa propriétaire, Mme Jessé, avait quittée. Il y reçut le plénipotentiaire français, un peu après sept heures du soir, et les deux personnages s'enfermèrent jusqu'après dix heures. Ils ne s'étaient pas vus depuis leur première et inutile rencontre au château de la Haute-Maison, le 18 septembre, puis à Ferrières. Le chancelier trouva son interlocuteur fatigué physiquement et vieilli. Mais c'était toujours le même avocat naïf, abondant, en proie à une émotion sincère qu'il cherchait à faire partager, et qui, malgré la fougue de son éloquence chaleureuse, n'opposait malheureusement à l'implacable rigueur de son adversaire qu'une argumentation sentimentale, sans vigueur et sans effet. Albert Sorel a dit de lui : « Il était, dans le sens le plus large du mot, ce qu'on appelait, il y a cent ans, un homme sensible.... Il lui manquait toutes les qualités du diplomate. Il ne possédait ni les connaissances pratiques, ni la fécondité de ressources, ni surtout le sang-froid qui font des négociateurs.... » Quant à Bismarck, il le jugeait du haut de son ironie : « Je suis certain, disait-il à son entourage, qu'il s'est mis du blanc, surtout à notre seconde entrevue, afin de pouvoir jouer le rôle d'un homme peiné et douloureusement atteint. »

Il est clair qu'entre deux jouteurs aussi dissemblables, la partie n'était pas égale, et que les atouts manquaient à notre négociateur.

Les pourparlers se haussèrent vite au ton dramatique, le tout-puissant chancelier, maître des événements et de lui-même, sachant défendre ses prétentions avec une habileté aussi riche de moyens divers que dépourvue de scrupules. Aussi bien, la situation avait-elle grandement changé depuis qu'à Ferrières il avait opposé une première fin de non-recevoir à la demande d'armistice qui lui était soumise. Des espoirs vivant encore alors dans le cœur des assiégés, il ne restait que la fumée funèbre de Champigny et de Buzenval. La foi, la confiance, les visions de relèvement et de revanche s'étaient évanouies comme des fantômes, et le même homme qui, dans un accès de lyrisme téméraire, avait fièrement déclaré qu'il ne céderait ni un pouce de notre territoire ni une pierre de nos forteresses, était obligé maintenant de jeter aux pieds d'un vainqueur impitoyable et la cité affamée et la France tout entière, solidarisée avec sa capitale par la maladresse du gouvernement qu'il représentait. Le 23 janvier au soir, il se livrait, comme a dit le général Ducrot, la corde au cou.

En accomplissant cette mission douloureuse, il

sentait son cœur déchiré d'une angoisse qu'il a dépeinte lui-même en des pages désolées, dont la sincérité commande l'indulgence pour tant de fautes, de faiblesses et d'erreurs. Mais l'état même de cette âme ravagée, dont la candeur était la seule ressource, faisait d'elle le jouet du terrible antagoniste qui, insensible par tempérament et par état aux charmes du beau langage, se montrait dédaigneux jusqu'au mépris d'un pouvoir en qui il ne voyait que l'incarnation du désordre et de la révolution. En vain, Jules Favre faisait-il appel aux ressources de sa rhétorique : « Il a essayé du haut cothurne, disait Bismarck, mais je l'en ai chaque fois fait descendre par un simple mot railleur. »

Sa première erreur fut de croire que le chancelier allemand ignorait l'état exact de la capitale, alors que, par ses espions, il en était parfaitement informé. « Je ne m'engage que pour Paris, et non pour la France, » disait Jules Favre, qui devait cependant bien savoir que les choses étant au point qu'il connaissait — il sera de cela question plus loin — on ne pouvait plus séparer les deux causes. Il représentait ensuite la population de la capitale comme décidée à la résistance à outrance et donnait pour preuve de cette affirmation d'abord la démission de Trochu, qui avait dû se retirer, disait-il, parce qu'il se refusait à de nouvelles offensives; puis l'émeute du 22 janvier, causée, d'après lui, par une effervescence patriotique montée jusqu'au paroxysme. Ignorait-il donc, ou feignait-il d'ignorer que si l'ancien gouverneur avait dû s'effacer, c'est parce qu'il avait perdu toute son autorité; que le mouvement avorté du 22 janvier n'était que le fait d'une poignée de factieux; qu'enfin généraux et officiers avaient unanimement reconnu qu'il n'y avait plus rien à faire? Et ne se trouvait-il pas là, lui-même, parce que Paris allait manger sa dernière bouchée de pain?

Bismarck était trop bien au courant des réalités pour se laisser prendre à ces artifices. Il avait écouté son interlocuteur sans sourciller. Mais tout à coup il l'interrompit. « Vous arrivez trop tard, dit-il. Nous avons traité avec votre Empereur. Comme vous ne voulez ni ne pouvez vous engager pour la France, vous comprendrez sans peine que nous cherchions le moyen le plus efficace de terminer la guerre. » Et après cette pointe, ou plutôt ce mensonge opposé à des inexactitudes, il se lança dans des considérations d'ordre général, mais où la menace du rétablissement de l'Empire revenait constamment comme un épouvantail. Il insinuait froidement que, plutôt que de recourir à une assemblée nationale dont l'élection ne lui semblait pas possible en l'état de désorganisation où se trouvait la France, il préférerait rappeler l'ancien Corps législatif et traiter avec lui.

L'ARMISTICE DE 1871

Jules Favre écoutait ces ouvertures inattendues avec autant de stupeur que d'effarement. Rien n'était à ses yeux plus monstrueux que de remettre un Napoléon sur le trône, et la seule idée de cette restauration le faisait frémir. Pour l'écarter, il mettait en œuvre les ressources diverses d'une argumentation éplorée et d'une dialectique dont il connaissait tous les ressorts.

— Vous allez provoquer ainsi des déchirements intérieurs, gémissait-il.

— Ceci vous regarderait, rispostait Bismarck avec une hauteur outrageante. *D'ailleurs, un gouvernement qui provoquerait chez vous la guerre civile nous serait plus avantageux que préjudiciable.*

Il n'y avait plus à insister, au moins pour le moment. On revint donc à la question la plus pressante, qui était celle de Paris. Le chancelier se retranchait, pour la vider complètement, derrière le roi et Moltke. Pour son compte personnel, il exigeait que la garnison se rendît prisonnière de guerre, sans toutefois être conduite en Allemagne; que la garde nationale fût désarmée et que les forts s'ouvrissent aux troupes allemandes, dont une partie entrerait dans la capitale, encore que lui-même jugeât cette dernière affaire dangereuse. Mais il fallait compter avec l'amour-propre des militaires et du souverain. Lors de l'occupation des ouvrages, on prendrait des otages, maires, journalistes ou membres du gouvernement, pour précéder les soldats, afin qu'ils ne fussent pas exposés à sauter sur une mine....

A ces mots, Jules Favre eut un haut-le-corps. « Nous ne pouvons pas souffrir cette humiliation, s'écria-t-il. Avec notre parole, vous devez entrer partout sans crainte. » Et il s'offrit lui-même pour servir d'éclaireur.

Son émotion était si vive et si pressante que le chancelier s'adoucit un peu. Sans renoncer à l'entrée dans Paris, il la limita aux Champs-Élysées. « Il faut à l'armée, disait-il, sa récompense. Quand, rentré chez moi, je rencontrerai un pauvre diable marchant sur une seule jambe, il me dira : La jambe que j'ai laissée sous les murs de Paris me donnait le droit de compléter ma conquête; c'est ce diplomate, qui a tous ses membres, qui m'en a empêché. » Il consentait aussi à ce que les soixante bataillons de garde nationale conservés par l'Empire et qui paraissaient avoir meilleur esprit que les autres restassent armés. Mais ce n'était pas là ce que voulait notre négociateur. La milice citoyenne lui tenait au cœur, et il entendait la sauver tout entière. D'autre part, une entrée, même limitée, des troupes allemandes dans Paris, l'effrayait avec juste raison. Il bataillait donc avec chaleur pour obtenir satisfaction sur ces deux points, offrant en échange le paiement d'une contribution de guerre.

« Sur votre refus, disait-il, Paris continuera à se battre, et s'il n'est ni secouru ni assez fort pour repousser l'ennemi, il se rendra à discrétion. La Prusse s'arrangera comme bon lui semblera. »

C'était là une solution désespérée, qui pouvait avoir les plus graves conséquences, et à laquelle Bismarck, malgré sa rigueur affectée, ne se souciait pas d'exposer le nouvel empire. Jules Favre, justement irrité des façons blessantes que son interlocuteur affectait constamment dans la conversation à l'égard du gouvernement dont il était le porte-paroles et qu'il avait si puissamment contribué à fonder, Jules Favre l'avait formulée d'un ton comminatoire et presque comme un ultimatum. Cette attitude fit réfléchir Bismarck, qui demanda à notre plénipotentiaire de lui donner ses raisons par écrit. Mais celui-ci s'y refusa, disant qu'il ne pouvait en sa qualité officielle paraître jeter les bases d'une négociation ferme sans l'assentiment de ses collègues. L'autre cependant insistait. « C'est pour moi seul, affirma-t-il; ma parole de gentilhomme le garantit. » Jules Favre passa alors dans une pièce voisine et résuma en quelques lignes, au crayon, les arguments dont il s'était servi, puis ayant remis son papier au chancelier, il se retira.

Onze heures sonnaient quand il arriva à l'appartement qui avait été retenu pour lui en ville. Il était brisé de fatigue, et cependant moins déprimé qu'à son arrivée. Quant à Bismarck, il courut, malgré l'heure indue, chez le roi, à la Préfecture, pour rendre compte de cette première conversation. A son retour rue de Provence, il se fit servir du thé par ses familiers et mangea quelques biscottes. Puis, tout à coup, il se mit à siffler une fanfare de chasse.

— Connais-tu cet air-là? demanda-t-il à son cousin Bismarck-Bölhen.

— Oui! c'est la « bonne chasse, » répondit celui-ci.

— Tu te trompes. Voici l'air de « bonne chasse. » (Et il siffla de nouveau.) Tout à l'heure, c'était l'hallali. Je crois d'ailleurs que c'est chose faite....

Et il se prit à rire, de son gros rire épais.

Le lendemain 24, il recevait à nouveau Jules Favre. Trois heures durant, celui-ci s'efforça tour à tour de convaincre, d'ensorceler, de séduire. Mais toujours il se heurtait à un positivisme glacial, à une argumentation rude et tranchante, à une insensibilité narquoise qui se jouait de ses frayeurs. Parfois, pour le mieux dominer et s'emparer de lui, l'invulnérable chancelier abandonnait sa raideur et se faisait bon enfant. Il donnait des conseils, affectait des sentiments plus pitoyables et, dépouillant l'appareil diplomatique ou simplement cérémonieux, faisait mine de transformer cette tragique entrevue en une conversation amicale. Voyant Jules Favre mort de faim, il fit apporter un repas que l'on plaça sur la petite table devant laquelle on discutait, et il le servit lui-même après avoir congédié les domestiques. Il était comme un félin avec sa proie, mais, malgré les efforts de son adversaire épuisé, ne se laissait entamer que sur quoi il voulait bien. Ainsi, il consentit à la convocation d'une assemblée nationale, à la non-livraison des drapeaux et à la réduction de l'indemnité à 200 millions au lieu de 500. Et ce fut tout; sur le reste, il ne céda pas.

Ce même soir, Jules Favre, revenu à Paris, informait ses collègues de ces résultats assez maigres. Mais, en même temps, il leur communiquait les défavorables nouvelles qu'il avait apprises au cours de son voyage. Chanzy, après la défaite du Mans, était en pleine retraite sur Laval; Faidherbe, battu à Saint-Quentin, se repliait sur Lille; enfin Bourbaki, coincé entre deux armées allemandes, se trouvait dans une position presque désespérée. C'était beaucoup à la fois pour des hommes dont l'énergie ne constituait point la partie forte. Ils avaient au surplus d'autres soucis. Ils craignaient un nouveau soulèvement populaire et se préoccupaient surtout des moyens à prendre pour l'empêcher; leur délibération, qui roulait toute sur ce sujet, fut longue et confuse. De guerre lasse, on se sépara sans rien décider, mais le lendemain, 25, Jules Favre fut renvoyé à Versailles avec pleins pouvoirs, cette fois, et l'assurance qu'il ne serait point désavoué, surtout s'il pouvait obtenir que la garde nationale ne fût pas désarmée.

Il ne vit le chancelier que le 26 dans la matinée. Tout de suite il aborda le sujet qui lui tenait tant au cœur. En vain Bismarck l'assurait-il qu'il y avait imprudence à laisser fusils et canons aux turbulents soldats-citoyens. Le pauvre homme n'entendait point la leçon et insistait de plus belle. A la fin, son interlocuteur, lassé, accorda ce qu'il voulait, et lui crut, dans sa naïveté, avoir remporté une véritable victoire diplomatique, pour avoir triomphé d'une résistance qui n'était peut-être que simulée. Il s'imaginait avoir sauvé l'honneur de la population parisienne! Un avenir très proche devait le détromper cruellement, et le convaincre qu'en dédaignant les conseils de la clairvoyance il venait tout simplement de mettre l'arme à la main des pires ennemis de la société. Quand les faits lui eurent révélé son erreur, il se frappa la poitrine, trop tard comme toujours, et s'écria, dans un élan déclamatoire emprunté à Danton : « Je me suis trompé. J'en demande pardon à Dieu et aux hommes! » Ceci se passait le 21 mars, à l'Assemblée nationale. Mais comme la politique exerçait toujours sur lui une despotique influence, il déclara quelques mois plus tard à la commission d'enquête sur le 4 septembre, qu'en parlant ainsi, il s'était peut-être laissé emporter trop loin par son indignation. Demi-rétraction qui ne changeait rien aux choses et n'empêchait point que les suites de sa déplorable insistance aient été les plus pénibles et les plus honteuses dont un peuple ait jamais souffert.

La garde nationale ainsi maintenue allait fournir 150 000 émeutiers. Pour contenir ceux-ci, le gouvernement ne devait disposer que d'une division de 12 000 hommes, avec 3 500 gendarmes. C'étaient là les seules forces que lui accordait Bismarck, et l'on conviendra qu'elles étaient bien insuffisantes. Néanmoins, Jules Favre était si heureux de son succès qu'il se contentait du peu qu'on lui donnait, sans demander davantage. Il en oublia même que l'armée de l'Est se trouvait, comme il l'avait dit en plein conseil, dans la position la plus critique, et commit la faute impardonnable de l'exclure, jusqu'à nouvel ordre, de la suspension d'armes. Il a écrit qu'il conservait encore quelque espoir de lui voir débloquer Belfort, et que, pour cette raison, il avait voulu la maintenir en campagne. C'est là, malheureusement, un essai de justification qui ne résiste pas à l'examen des faits, nul homme de bon sens, fût-il aveuglé par l'optimisme, ne pouvant se faire illusion sur l'état d'impuissance totale où étaient, le 26 janvier, réduites les troupes dont, après la tentative de suicide de Bourbaki,

Clinchant venait de prendre le commandement. On va voir cependant que cette énormité n'est pas la seule dont la mémoire de Jules Favre soit chargée. Il en a commis une autre, plus grave encore et surtout plus inexplicable, par laquelle a été consommée la ruine de nos malheureux soldats. Nous en parlerons plus loin.

*
* *

En attendant l'acceptation des conditions définitives de l'armistice, il fut convenu que le feu cesserait de part et d'autre le 26 janvier, à minuit. Toute la journée, sous un ciel fuligineux et sombre, on s'était livré, comme pour offrir au Moloch de la guerre un suprême holocauste, à une véritable débauche de coups de canon, dont le dernier, en manière d'hommage rendu à la vaillance des défenseurs de la capitale, devait être tiré par eux.

Il était neuf heures du soir quand Jules Favre et ses compagnons rejoignirent le pont de Sèvres. Saint-Cloud flambait toujours, et l'artillerie du rempart faisait rage. Comme les voyageurs entraient dans la barque, deux obus éclatèrent sur la berge qu'ils venaient de quitter.... Une heure plus tard, le ministre des Affaires étrangères envoyait l'ordre suivant au général Vinoy :

L'ARMISTICE DE 1871

« Je reviens de Versailles; je suis tombé d'accord avec M. de Bismarck sur les principales conditions de l'armistice, et il a été convenu, d'*honneur*, entre nous deux, que le feu cesserait des deux côtés sur toute la ligne à partir de minuit. Envoyez donc de suite l'ordre aux forts et aux secteurs, afin qu'il parvienne à temps à tous les chefs de poste. »

Il parvint à temps. « A minuit moins le quart, a écrit Jules Favre, j'étais sur le balcon de pierre de l'hôtel des Affaires étrangères qui domine la Seine. L'artillerie de nos forts et celle de l'armée allemande faisaient entendre leurs formidables détonations. Minuit sonna. Une dernière explosion éclata, répétée dans le lointain par un écho qui s'affaiblit et s'éteignit, puis tout rentra dans le silence. » Le siège de Paris avait pris fin.

Il arriva cependant qu'à une heure et demie du matin un obus ennemi tomba dans le fort d'Aubervilliers, et que, le 27, des batteries de campagne tirèrent encore sur Rueil. Les Allemands font, comme chacun sait, assez bon marché de leur parole. Nous sommes plus soucieux de garder la nôtre. Ainsi un maître canonnier de la marine, en service au fort de Noisy, ayant fait feu après minuit, fut mis au cachot par ordre de l'amiral Saisset, commandant du secteur, et cassé.

Les négociations cependant n'étaient pas terminées. Elles allaient porter maintenant sur les questions militaires auxquelles Jules Favre se déclarait lui-même complètement étranger. Aussi bien, Moltke réclamait la présence d'un officier et en faisait une condition de sa participation aux débats. Le gouvernement porta son choix sur le général de Beaufort d'Hautpoul, qui commandait une division de l'ancienne armée Vinoy.

C'était un homme de distinction parfaite et de mérite reconnu, qui avait dirigé en 1860 l'expédition victorieuse de Syrie contre les Druses. Mais, rigide dans ses convictions comme dans le service, il manquait un peu de souplesse diplomatique et n'avait d'ailleurs accepté qu'avec répugnance la mission dont il était chargé. Lui et Jules Favre s'entendirent assez mal. Ils ne s'en abouchèrent pas moins, le 27, à deux heures de relevée, avec Moltke et le général von Podbielsky, sous-chef d'état-major. Dans cette conférence, il fut décidé en substance ce qui suit :

1º L'armistice aurait une durée de vingt jours, à partir de la signature de la convention, les armées de province restant sur les positions qu'elles occupaient.

2º Une ligne de démarcation, dont les adversaires ne pourraient approcher à moins de 10 kilomètres, serait tracée partout, les Allemands restant en possession de la rive gauche de la Loire. Le méridien de Dunkerque formait la séparation des forces navales. Quant à l'armée de l'Est, que Moltke espérait bien anéantir, son sort était réservé jusqu'au lendemain, dans l'attente des dernières nouvelles.

3º Les forts de Paris, sauf celui de Vincennes, seraient livrés, avec tout le matériel d'artillerie. L'introduction d'armes et de munitions quelconques dans la place serait interdite. Il demeurait entendu que les villages compris entre les ouvrages et l'enceinte ne seraient pas occupés.

4º Le ravitaillement ne devait s'opérer que par les voies ferrées et fluviales, les routes restant à la disposition des troupes.

5º L'armée versait ses armes, sauf une division et 3 500 gendarmes ou douaniers. Les corps francs étaient dissous.

6º La Ville de Paris payait une contribution de guerre de 200 millions, à acquitter dans les quinze jours.

Ces conditions étaient dures, encore que Moltke les trouvât trop douces. Jules Favre les fit connaître le soir même au gouvernement, qui n'avait plus qu'à courber la tête. Le lendemain 28, il retournait une dernière fois à Versailles pour régler les points de détail relatifs à l'exécution de l'armistice dans Paris même. Il avait avec lui, ce jour-là, le général Horix de Valdan, chef d'état-major de l'armée, remplaçant le général de Beaufort qui, revenu à son poste de commandant de troupes, avait refusé tout net de se charger de la commission.

*
* *

Dans cette suprême entrevue, la question de l'armée de l'Est revint tout naturellement sur le tapis. Jules Favre n'ignorait rien de sa situation périlleuse. Néanmoins, comme le général de Moltke, pour la raison dite plus haut, se prétendait insuffisamment renseigné et demandait l'ajournement de cette affaire, il le lui accorda. Aucune ligne de démarcation ne fut donc fixée; puis, chose à peine croyable, il fut stipulé que, nonobstant l'armistice, les opérations continueraient sur ce théâtre particulier jusqu'au moment où l'on se serait mis d'accord!

Acquiescer à cela était un acte d'inqualifiable faiblesse, on pourrait même dire une sottise impardonnable, dont le moins avisé des diplomates de carrière se serait défendu. Jules Favre, dans son affolement, l'a commise. Il en a même commis une autre, plus déplorable encore par ses conséquences, et que rien, pas même la pitié qu'inspire ce malheureux homme écrasé par les événements, ne saurait faire oublier.

Il était six heures du soir. L'accord s'étant fait

43

complet, il ne restait qu'à échanger les signatures.
Bismarck apposa la sienne le premier, et scella.
Mais alors notre plénipotentiaire s'aperçut qu'il
avait oublié de se munir d'un sceau, objet indis-
pensable pour authentifier les actes publiés. Tout
penaud, il tira une bague qu'il avait au doigt et
l'apposa sur la cire chaude. Elle lui venait, dit-on,
d'Orsini, qu'il avait défendu en 1858. Après quoi,
il demanda deux sauf-conduits pour envoyer à
Bordeaux un membre du gouvernement accompagné d'un officier, et rédigea le télégramme suivant, pour la Délégation.

« *Nous signons aujourd'hui un traité avec
M. de Bismarck. Un armistice de vingt et un jours
est convenu. Une assemblée est convoquée à Bordeaux
pour le 12 février. Faites connaître cette nouvelle à
toute la France. Faites exécuter l'armistice. Convo-
quez les électeurs pour le 8 février. Un membre du
gouvernement va partir pour Bordeaux.* »

On remarquera que cette dépêche ne parlait pas
de la situation exceptionnelle faite à l'armée de
l'Est. Celle-ci était exclue de l'armistice, et on ne
le disait pas! L'émotion excuse sans doute bien
des choses. Elle ne suffit pas à faire absoudre un
aussi formidable oubli. Quant à Bismarck, qui
contresigna le télégramme et se chargea de l'expé-
dier, il n'eut garde de signaler l'omission, et inten-
tionnellement peut-être — car avec un tel fourbe

toutes les suppositions sont permises — il laissa subsister dans le document en question la terrible lacune qui vouait notre dernière armée combattante à un désastre certain.

Aussitôt après l'arrivée de ce document, M. de Freycinet avait en effet télégraphié au général Clinchant : « Veuillez suspendre immédiatement les hostilités, en vous concertant avec le chef des forces ennemies en présence desquelles vous vous trouvez. » Ainsi les mouvements de l'armée de l'Est se trouvaient arrêtés au moment même où le salut était devenu pour celle-ci une question d'heures, et les Allemands restaient libres de poursuivre l'enveloppement qu'ils cherchaient !

Un militaire ne pouvait contresigner pareille monstruosité, et c'était là une des raisons, sinon la principale, pour lesquelles le général de Beaufort s'était récusé. Il avait hautement protesté, lors de l'entrevue du 27, contre les prétentions allemandes. « J'étais surexcité, exalté, a-t-il dit devant la commission d'enquête; mais j'espère n'avoir pas cessé d'être convenable. » Quant à Jules Favre, il a avoué que le général « lui avait donné beaucoup d'inquiétude, » ce qui ne va pas très bien avec les essais de justification, d'ailleurs assez pénibles et embarrassés, qu'il a tentés plus tard dans son ouvrage *Le Gouvernement de la Défense nationale*. Le général de Valdan fut plus coulant. Mais il convient de dire à sa décharge que personne ne l'avait renseigné sur la véritable situation. On sait le reste et comment la malheureuse armée de l'Est, cernée de toutes parts, dut aller chercher dans la Suisse hospitalière un refuge contre l'inévitable capitulation.

Lorsque Gambetta connut le fond des choses, il entra dans une furieuse colère. Il accablait son confrère Jules Favre d'apostrophes sanglantes et de vitupérations enflammées. Puis il rédigeait une proclamation virulente où l'armistice était qualifié « d'acte infâme, » et qui se terminait par un vigoureux appel aux armes, comme si les armes déjà ne nous tombaient pas des mains! Mais il s'adressait à un pays ravagé, meurtri, déprimé par l'inanité de ses efforts, et il n'y trouva point d'écho; car continuer la guerre dans les circonstances où l'on se trouvait eût été une folie héroïque, et personne ne voulait plus la tenter.

Quant à Bismarck, assuré maintenant que toutes ses ambitions seraient satisfaites, il exultait et, sans pitié pour les vaincus, les criblait de ses sarcasmes. Ses propos de table, religieusement recueillis par un caudataire officieux, Moritz Busch, mettent à nu les replis de cette âme cynique, qui traitait le genre humain de Turc à More. En voici du reste un échantillon. Jules Favre, dans sa première entrevue, avait renouvelé les plaintes déjà faites par Trochu au sujet du bombardement des hôpitaux et spécialement de l'institution des jeunes aveugles.

— Je ne sais pourquoi vous vous plaignez de cela, répondit Bismarck. Vous faites bien plus, vous autres. Vous tirez sur nos soldats, gens valides et bien portants!

Et il se vantait devant ses commensaux de cette plaisanterie grossière, en ajoutant : « Je parierais que Jules s'est dit : quel barbare que ce Prussien! » En effet, c'est la réflexion qui vient tout naturellement à l'esprit

Une autre fois, il se moquait des Parisiens qui, après avoir reçu un premier convoi de vivres, devraient peut-être, en attendant le suivant, être remis à la portion congrue. « Cela, disait-il, produira de l'effet. Il en est comme de la bastonnade. Quand on frappe sans discontinuer, c'est presque supportable; mais si l'on met des intervalles entre chaque série de coups, cela devient fort désagréable. Je sais cela du tribunal criminel où je travaillais jadis, quand la bastonnade était encore en vigueur. »

Voilà à quelles joyeusetés le chancelier du nouvel empire germanique occupait ses loisirs.

CHAPITRE III

PARIS RAVITAILLÉ

A ce moment même, le gouvernement de la Défense nationale, dans une proclamation quelque peu embarrassée, annonçait à la population parisienne la funèbre nouvelle. Il exposait, en gros, les conditions de l'armistice et croyait pouvoir affirmer, en dépit des réticences de Bismarck, que l'armée allemande n'entrerait pas dans Paris. Assurance pour le moins imprudente et qu'il eût été sage de ne point afficher.

« L'effet de cette communication fut terrible, » écrit Jules Favre. Au contraire, le général Vinoy le donne comme à peu près nul. Et c'est lui qui est dans le vrai, la lassitude étant générale et la confiance évanouie partout. Restaient cependant des exaltés et des énergumènes, pour qui toute occasion était bonne de faire du bruit. Le 27, à la porte de la Chapelle, il y eut quelque désordre, provoqué par une bande de mobiles de la Seine venus de Saint-Denis qui, poussés par leur esprit d'indiscipline chronique, voulaient forcer la consigne et regagner leurs pénates. Dans un autre sens, le 175e bataillon de la garde nationale vint, dans l'après-midi, hurler « à bas les traîtres! » devant l'Hôtel de Ville, puis s'en alla, sans autre méfait. Mais, dans la nuit, les choses parurent se gâter. Trente-cinq chefs de bataillon de la garde nationale, réunis dans une salle de café, boulevard Sébastopol, se mirent à fulminer contre l'armistice. La milice qu'ils commandaient s'était, à quelques exceptions près, montrée plus dangereuse pour l'ordre que redoutable à l'ennemi. Eux-mêmes s'étaient trop souvent dispensés de donner le bon exemple. Cette fois, ils se mirent en pleine rébellion.

Le général Clément Thomas, qui se sentait depuis longtemps débordé malgré son républicanisme de vieille date, avait donné sa démission et venait d'être remplacé nominalement par le général d'Aurelle de Paladines, le vainqueur de Coulmiers, lequel n'était pas arrivé. Les mutins le destituèrent d'office et se donnèrent pour chef un certain Brunel, du 107e, futur meneur de la Commune. Il ne s'agissait de rien moins que de s'emparer des cartouches empilées dans les magasins des secteurs, d'enlever les mairies et de renverser le gouvernement pour prendre sa place. Un certain nombre d'officiers de la milice citoyenne complotaient en même temps à la mairie du III⁰ arrondissement. Bien entendu, cette effervescence de commande se couvrait du drapeau du patriotisme outragé et il n'était officiellement question, dans ces meetings, que de marcher aux Prussiens. On pouvait se demander alors pourquoi ces enragés n'y avaient pas marché quand il était encore temps

Toujours est-il que le complot ainsi ourdi causait au gouverneur quelque inquiétude. Heureusement, la nuit était froide et un vent glacial enfilait les rues. Mauvaises conditions pour les manifestations à ciel ouvert. Néanmoins le rappel fut battu et le tocsin sonné dans plusieurs églises. Mais quelques centaines d'hommes seulement répondirent à l'appel, ce que voyant, les promoteurs du mouvement comprirent que ce qu'ils avaient de mieux à faire était de rentrer chez eux. Seulement, comme ils se devaient à eux-mêmes de protester, ils se rendirent au quartier général du 5⁰ secteur, où ils furent reçus par l'amiral Bosse, qui les congédia fort poliment. Et ce fut tout, pour le moment.

Le lendemain 28, des bagarres se produisirent encore, sans grande importance d'ailleurs. Il était évident qu'un mot d'ordre circulait et qu'une organisation latente existait, qui pouvait provoquer des incidents plus graves. Il fallait la briser dans l'œuf. Le gouverneur, alors, fit arrêter Brunel et son chef d'état-major, un nommé Piazza. Cette opération alla toute seule, et l'on entra dans une période de relative tranquillité, qui d'ailleurs ne dura pas.

Mais une autre question surgissait : celle des innombrables maraudeurs qui, voyant les hostilités terminées, passaient les fortifications et se répandaient dans la campagne pour y glaner quelques légumes, puis poussaient même jusqu'au delà des avant-postes ennemis, dans des régions où ils espéraient trouver de la viande et du pain. Pendant les premiers jours, les autorités ennemies avaient fermé les yeux. Mais l'exode grandissant, des conflits pouvaient se produire qui eussent compliqué les affaires. Il devenait donc nécessaire de prendre un parti. Or, la garde nationale postée sur les remparts et aux portes de la ville faisait mollement son service et l'on ne pouvait guère compter sur elle pour faire respecter les consignes. D'autre part, la troupe laissée en armes était insuffisante. Ce ne fut donc qu'avec beaucoup de peines et d'efforts qu'on parvint peu à peu à endiguer ces ruées périlleuses. Mais enfin on y réussit, ou à peu près.

L'armée, dont les chefs avaient été réunis et prévenus le 25 au matin par le ministre de la Guerre Le Flô, éprouva de la catastrophe une douleur plus vraie et plus profonde que la masse.

L'ARMISTICE DE 1871

Mais elle aussi comprenait qu'elle n'avait plus qu'à subir sa destinée, et elle s'y soumit avec dignité.

Le 29, les Allemands prirent donc possession des forts et organisèrent aussitôt des patrouilles pour en surveiller les abords; mesure de précaution qui faillit amener des incidents fâcheux, car, en violation des clauses de l'armistice, certains groupes en service pénétrèrent dans les villages suburbains dont l'accès leur était interdit. Il fallut, de ce chef, faire des représentations qui, d'ailleurs, furent accueillies convenablement. Au fort de Montrouge, dont la défense avait été si belle qu'en y entrant le général prussien exprima hautement son admiration pour le commandant Amet et ses braves marins, un incident douloureux s'était produit. Désespéré des deuils de la patrie, le capitaine de frégate de Larret-Lamalignie, un des héros de cette défense, se tira deux coups de revolver, dont il mourut trois jours plus tard. Au fort de la Briche, les artilleurs de la marine, après avoir vainement attendu les chevaux qui devaient emmener leurs pièces mobiles, s'y attelèrent spontanément eux-mêmes et les rentrèrent dans Paris.

Cependant la grosse affaire du moment était le ravitaillement, qui présentait des difficultés en apparence insurmontables. On était à bout de ressources, et les calculs les plus optimistes fixaient à quinze ou vingt jours le temps nécessaire pour l'arrivée des premiers convois. Sur les voies ferrées encombrées, fatiguées et où beaucoup d'ouvrages d'art avaient été détruits, le trafic manquait d'élasticité, et quant à la voie fluviale, elle était à peu près interdite, la Seine ayant été barrée des deux côtés de Rouen par des bateaux coulés ou par des torpilles. Enfin, la complication des consignes imposées partout par les Allemands avec l'esprit systématique qui les caractérise embrouillait encore une situation déjà fort embarrassante par elle-même. Jules Favre, ne sachant plus où donner de la tête, recourut alors à Bismarck qui, se montrant par hasard bon prince, donna des vivres pour une journée et demie et leva toutes les entraves administratives. Il était temps, car on en venait à calculer les heures, et le peuple affamé commençait à gronder.

En ces moments d'angoisse, ingénieurs et chefs de service des Compagnies déployèrent une activité méritoire pour remettre les lignes dans un état d'utilisation au moins provisoire. Ils allaient chaque jour à Versailles, afin de s'entendre sur le raccordement des voies coupées avec les tronçons exploités par l'ennemi, et, en même temps, ils donnaient les ordres relatifs à la reprise de l'exploitation. Les conciliabules, naturellement, furent longs et ardus, en sorte que c'est seulement dans la soirée du 29 que les accords furent signés.

L'ARMISTICE DE 1871

Mais alors il arriva à la mission une singulière aventure, par laquelle on peut juger à sa juste valeur la milice en qui Jules Favre avait mis ses espoirs

Il était près de minuit quand les négociateurs arrivèrent au pont de Sèvres, lequel, comme on sait, était détruit. Là, personne, ni bateau ni rameurs; pas même âme qui vive dans le poste de la rive opposée, qui cependant aurait dû être occupé. La petite troupe fut donc forcée de s'acheminer à pied, dans l'obscurité, le long de la rive gauche, sous la protection d'un piquet allemand, qui prévenait successivement les sentinelles échelonnées. On arriva ainsi, non sans fatigue ni peine, à la porte de Billancourt, ne sachant pas trop comment on se garerait des coups de fusils que les occupants du rempart tireraient inévitablement sur ce groupe suspect. Mais la préoccupation tombait d'elle-même. En effet, le rempart était complètement abandonné, et, sans le portier-consigne que le capitaine d'Hérisson alla réveiller au prix de quelques bourrades, le ministre et ses compagnons eussent passé le reste de la nuit dans le fossé. C'est ainsi qu'entendait son service la garde nationale qui devait être la sauvegarde de la cité.

Quelques jours s'écoulèrent encore dans la fièvre et l'anxiété. « Enfin, dans l'après-midi du 4 février, écrit Jules Favre, le premier convoi qui ait franchi le mur d'enceinte depuis le 17 sep-

tembre entrait dans la gare du Nord, chargé de
denrées de toute nature que la population de
Londres envoyait à la population de Paris. Ce
magnifique cadeau était accompagné par deux
membres délégués du Comité formé à Londres
sous la présidence du lord-maire, M. le colonel
Stuart Wortley et M. Georges Moore. Ces honorables gentlemen étaient porteurs d'une lettre
pleine de cordialité, par laquelle le premier magis-
trat de la Cité m'annonçait que, à la première
nouvelle de l'armistice, un meeting de banquiers,
de commerçants et d'ouvriers s'était réuni à la
mairie, qu'un appel avait été fait à la sympathie
que, de toutes parts, faisaient naître le courage et
les malheurs de la France. Une première somme,
de 250 000 francs avait été mise à la disposition
du Comité; on espérait que la souscription dépas-
serait deux millions de francs.... Le même jour,
4 février, sur le soir, un second convoi, venant de
Lille, apportait 6 000 quintaux de farine et un
wagon de charbon. » En même temps, le chef du
Foreign-Office, lord Granville, envoyait à Paris un
agent de son département pour aider à la distri-
bution des secours....

La capitale était donc sauvée de la famine et
l'avenir s'éclaircissait un peu. Le réapprovision-
nement s'opérait peu à peu, et bientôt le gouvernement put faire cesser le rationnement, mesure

qui diminua progressivement la terrible mortalité du siège. En rendant un juste hommage au concours désintéressé et précieux que l'Angleterre, par pure solidarité humaine, nous a prêté alors, on regrette qu'après avoir été notre alliée dans la plus formidable des guerres, elle ne nous ait point accordé une aide aussi généreuse, ni témoigné toujours des sentiments aussi affectueux.

CHAPITRE IV

DISCORDES GOUVERNEMEN-TALES

A Bordeaux, Gambetta rongeait son frein. Lui, dont l'inlassable ardeur avait un moment fait des miracles, s'imaginait qu'elle pouvait en faire encore. Il ne voyait pas le misérable état de ses ressources, ou plutôt il ne voulait pas le voir. Il planait dans le firmament de ses rêves grandioses, au lieu de jeter à ses pieds, sur les espaces lointains et dispersés où se rassemblaient à grand'peine les débris des armées qu'il avait forgées, un regard de sagesse et de raison. Il croyait encore à la toute-puissance de son verbe sonore qui, lorsqu'il s'adressait à des âmes non encore brisées par le malheur, les avait souvent galvanisées et raffermies, mais qui maintenant n'avait plus d'action sur des cœurs déséquilibrés. Et il fut à la fois surpris et consterné quand il dut constater que sa voix tombait dans le silence, comme perdue à travers les solitudes de quelque immense tombeau.

Une assemblée, qu'il devait convoquer bon gré mal gré, allait sans lui, et peut-être contre lui, décider de la paix ou de la guerre, de la paix très probablement. Le dépit qu'il en éprouvait lui fit faire alors une action singulièrement osée, et qui montre combien, sous ses allures républicaines, il cachait d'esprit despotique. D'un trait de plume, et avec la complicité des comparses qui formaient avec lui la Délégation — y compris, chose surprenante, l'amiral Fourichon lui-même — il lança une sorte d'ukase qui proclamait inéligibles tous les « individus » qui, du 2 décembre 1851 au 4 septembre 1870, avaient accepté les fonctions de ministre, sénateur, conseiller d'État ou préfet, « ainsi que les anciens candidats au Corps législatif ayant, sous l'Empire, reçu l'estampille officielle. » Monstrueux abus de pouvoir dont, jusque-là, aucun régime n'avait conçu la pensée ni formulé l'expression.

Lorsque, le 1er février à une heure de l'après-midi, Jules Simon, envoyé à Bordeaux avec pleins pouvoirs, débarqua de la gare, il put lire, affiché sur les murs, le formidable décret. Il n'en fut peut-être pas très surpris, car il se souvenait — et le gouvernement parisien s'en souvenait aussi — que dès après le 4 septembre et quand fut agitée un moment la question d'un appel au pays, Gambetta avait déjà postulé ses « exclusives. » Mais comme il ne lui semblait pas possible de laisser maintenant celles-ci passer à l'exécution, il courut sans désemparer à la préfecture et entra en bombe dans le cabinet de Crémieux, où était réuni le conseil. Il y fut d'ailleurs fort mal accueilli. On l'accabla de récriminations et de reproches au sujet de l'armistice, qu'on traitait de défection. Il subit tout cela avec calme et courba la tête sous l'averse, étant, comme on sait, un homme aux façons doucereuses et au tempérament peu batailleur. Mais, quand il voulut ensuite aborder la question électorale, ce furent bien d'autres clameurs. En vain usait-il de toute sa rhétorique, et elle était copieuse, pour convaincre ses auditeurs non seulement de l'iniquité, mais encore du caractère impolitique de leur décret. En vain s'efforçait-il de démontrer que la paix était impérieusement commandée par les circonstances, et que cette paix, une représentation nationale tronquée ne lui donnerait ni bases solides, ni autorité. Il parlait à des gens qui ne voulaient point se laisser convaincre, ni revenir sur leur entêtement d'ostracisme. Il n'obtint donc rien, et la scission se fit complète entre les deux fractions du gouvernement.

Deux solutions cependant s'offraient à lui : ou bien, en vertu de ses pouvoirs, dissoudre la

L'ARMISTICE DE 1871

Délégation; ou bien recourir à des négociations nouvelles. La première, outre qu'elle répugnait à son caractère bénévole, lui paraissait à bon droit dangereuse, et capable même de déchaîner la guerre civile. Il la repoussa. Quant à la seconde, elle échoua d'abord, tous les concours extérieurs ayant été refusés. Gambetta jouissait en province, surtout à Bordeaux, d'une telle puissance morale, et le pouvoir central en avait si peu, que personne ne consentait à prendre parti contre le « dictateur, » dans le conflit qui venait de s'élever. Le pauvre Jules Simon ne savait vraiment plus où donner de la tête. Alors, en désespoir de cause, il recourut à Thiers, lequel venait d'arriver. Il lui dit ses perplexités et lui communiqua certain projet de décret qui cassait et annulait celui de la Délégation mais qu'il gardait en poche, n'osant pas le promulguer. Le vieil homme d'État, dont l'esprit pétulant ne connaissait pas d'âge, était pour la manière forte : « Publiez, disait-il, plubliez vite, et, au besoin, faites appel à l'armée. » L'autre répondait : « Oui, sans doute; mais c'est alors la lutte ouverte, qui peut nous conduire loin. Au surplus, comment publier quelque chose, si la Délégation, qui ici est la maîtresse, y met opposition? » A ces arguments de fait, Thiers ne trouvait rien à répliquer. Mais son esprit inventif lui suggéra une autre combinaison.

L'ARMISTICE DE 1871

On dépêcha à Paris deux émissaires, MM. Cochery et Liouville, pour demander au gouvernement du renfort, cependant que Jules Simon prendrait à loisir toutes les dispositions propres à un coup de force, s'il devenait nécessaire. Puis l'on attendit, chacun restant sur ses positions. C'était comme une esquisse de manœuvre avant la mêlée. Des deux côtés, on fourbissait ses armes, en s'observant mutuellement, quand, brusquement et sans crier gare, Bismarck s'érigea en juge du camp. Le 2 février, à six heures du soir, il adressait à Gambetta une dépêche comminatoire protestant contre son exclusivisme et déclarant que « des élections faites sous ce régime d'oppression arbitraire ne pourraient conférer les droits que la Convention d'armistice reconnaissait aux députés librement élus. »

Le procédé était brutal. Il manquait à la fois de tact et de mesure. Mais, de plus, il était parfaitement maladroit. En s'immisçant sans droit dans une question de politique intérieure, le chancelier fournissait à celui qu'il prétendait désavouer des arguments singulièrement pressants. Et Gambetta n'eut garde de les laisser tomber. « L'insolente prétention affichée par le ministre prussien, — ripostait-il dans une proclamation qui fut envoyée partout — d'intervenir dans la constitution d'une assemblée française, est la justification la plus éclatante des mesures prises par le gouvernement de la République. L'enseignement ne sera pas perdu pour tous ceux qui ont le sentiment de l'honneur national. » Et il traitait « les complices et les complaisants de la monarchie déchue » d'alliés de M. de Bismarck. Ainsi, celui-ci apportait le moyen de faire accepter ou subir par tous les gens de cœur une chose parfaitement inacceptable en soi. Et il rendait presque impossible la tâche de ceux qui eussent voulu user encore de la persuasion. Jules Simon n'attendit pas longtemps pour s'en rendre compte, et, dès lors, son parti fut près de renoncer aux atermoiements. Le 3 janvier dans la matinée, il se rendait à la Délégation, y déclarait sa qualité de plénipotentiaire et donnait lecture du décret de cassation qui, le soir même, était publié par le journal *La Gironde* et affiché sur les murs.

Mais alors, quel tapage! Gambetta et ses acolytes fulminaient contre Jules Simon des excommunications majeures et ne parlaient de rien moins que de le faire arrêter. De son côté le préfet, autorisé par Ranc, directeur de la sûreté générale, avait fait saisir *La Gironde* et ordonné de lacérer les affiches prétendues séditieuses. L'envoyé du gouvernement parisien était accusé d'avoir produit de faux pouvoirs et de s'être conduit en factieux. Factieux, le philosophe sentimental qui s'était fait une spécialité de toujours mêler l'eau bénite à son éloquence déjà trop fluide, quelle ironie! Bien au contraire, il paraissait tout stupéfait de sa témérité. Toutefois, et ceci est à son éloge, il en acceptait les conséquences avec un calme qui déconcertait ses adversaires. Ceux-ci, désespérant de le réduire, chargèrent le vieux Crémieux d'aller négocier avec Paris.

Il rencontra, à Vierzon, Garnier-Pagès, Emmanuel Arago et Eugène Pelletan qui, sur l'invitation à eux portée par Cochery et Liouville, se rendaient à Bordeaux. Son voyage devenait donc inutile, la suprématie numérique du pouvoir central ne pouvant plus être mise en doute. Il revint avec eux et, dès le lendemain, le fameux décret fut de nouveau publié. Restait cependant à savoir comment il serait accueilli par les préfets, qui étaient tous des créatures de la Délégation. Les craintes à cet égard étaient toujours vives, lorsque Gambetta, rendu enfin à la claire vision des choses par un patriotisme plus fort que la passion politique, comprit qu'il devait au pays de mettre lui-même fin au conflit. Il donna sa démission par une lettre fort digne où il déclarait que n'étant plus en communion d'idées avec le gouvernement, il devait se retirer. Et ayant engagé les préfets à préparer de leur mieux les élections prochaines, il alla prendre du repos sous les ombrages de Saint-Sébastien. Son étoile avait assurément pâli dans cette fâcheuse affaire. Mais on sait qu'elle devait, peu de temps après, briller d'un nouvel et plus vif éclat.

CHAPITRE V

LES ÉLECTIONS ET LES PRÉLI-
MINAIRES DE PAIX

LE pays avait été invité à élire, le 8 février, une Assemblée nationale souveraine. L'Histoire doit dire qu'il ne fut gêné par rien ni par personne dans l'expression de ses sentiments; car jamais élections ne furent plus libres. Dans les régions occupées par l'ennemi, celui-ci affecta de s'en désintéresser complètement et si, par ailleurs, quelques préfets exaltés soutinrent plus qu'il ne convenait les partisans de la lutte à outrance, leur autorité chancelante ne permit pas qu'ils allassent jusqu'à la pression. C'est donc en toute indépendance que la nation se prononça.

La période électorale se trouvait, de par les circonstances, fort écourtée, et nombre des futurs élus, encore retenus aux armées, n'y prirent même aucune part. Mais, en leur absence, des comités improvisés travaillaient pour eux et confectionnaient des listes où figuraient de préférence les hommes dont la notoriété locale, la position de fortune, la situation morale, la probité inspiraient la confiance. Beaucoup de ceux-ci inclinaient vers la monarchie, soit par tradition de famille, soit par un sentiment instinctif d'ordre et de régularité. D'autres, qui n'ayant point d'aspirations aussi tranchées, jugeaient la République surtout d'après ses excès, et, ne professant pour elle qu'une médiocre estime, souhaitaient l'avènement d'un régime assez solide pour préserver la France de nouvelles convulsions. Les uns et les autres, grossis d'un certain nombre de royalistes de doctrine, formèrent une majorité nettement conservatrice, mais cependant très divisée sur la forme même à donner au gouvernement.

Cette majorité comptait, en chiffres ronds, quatre cents monarchistes et une trentaine de bonapartistes plus ou moins déclarés, contre deux cents républicains, pour la plupart modérés. Mais elle se partageait en partisans du comte de Chambord, c'est-à-dire du droit divin, et en orléanistes, aux yeux de qui le régime parlementaire instauré en 1830 demeurait toujours « la meilleure des Républiques. » Elle comptait du reste beaucoup d'hommes nouveaux, en politique s'entend, qui, s'ils affichaient tous une grande bonne volonté et un ardent amour du pays, étaient peu rompus aux affaires et avaient plus de convictions que de pratique ou d'expérience. Dans cette cohorte sélectionnée, les talents, même les plus hauts, ne manquaient pas; mais l'orientation faisait, par contre, complètement défaut.

L'Assemblée devait être composée, légalement, de sept cent soixante-huit députés. En fait, ce nombre se trouva réduit, lors de sa première réunion, à six cent trente, par suite des élections multiples dont bénéficiaient certains personnages de marque. C'est ainsi que Thiers fut proclamé dans vingt-six départements, Gambetta dans neuf (dont les quatre d'Alsace et de Lorraine menacés d'annexion), et Trochu dans huit. Jules Favre, Garibaldi (bien que non éligible), le général d'Aurelle de Paladines, Changarnier, Dufaure et quelques autres étaient honorés d'un double ou triple vote. Deux princes de la famille d'Orléans, le duc d'Aumale et le prince de Joinville, étaient élus dans l'Oise et la Haute-Marne; Mgr Dupanloup, l'éloquent et énergique évêque d'Orléans qui, pendant la guerre, avait montré une belle vaillance, représentait le Loiret. Puis venaient des soldats réputés pour leur bravoure, Cazenove de Pradines, Carayon-Latour, et le plus illustre de tous, Chanzy.

Mais entraient en même temps à l'Assemblée presque tous les hommes importants du parti républicain, y compris certains revenants de 1848, tels Louis Blanc, Hippolyte Carnot, Ledru-Rollin, Grévy, Schœlcher, etc., qui apportaient là une volonté obstinée, des talents indiscutables, une union redoutable et une connaissance approfondie des méthodes parlementaires que beaucoup de leurs adversaires ignoraient. Ils durent à ces avantages divers, et plus encore aux méfiances réciproques des autres, d'établir le régime de leur choix sur des assises si solides qu'il semble désormais inséparable des destinées du pays. Ils ne tardèrent pas, d'ailleurs, à s'apercevoir qu'ils avaient affaire à des ennemis trop dispersés pour résister victorieusement à leurs assauts.

On a dit de l'Assemblée nationale de 1871, en manière d'injure, qu'elle avait été « élue en un jour de malheur. » C'est très fâcheusement vrai, encore que ce ne soit point sa faute. Mais le fait indéniable est qu'elle garda toujours, de sa douloureuse origine, comme un poids qui l'écrasait. N'ayant pu, au moment décisif, réaliser l'unité de vues qui seule confère la puissance et la force, elle vit sa majorité, si importante au début qu'elle en paraissait omnipotente, s'effriter peu à peu après une série de tentatives vaines, et, quand elle termina sa carrière pleine de flottements, ce fut pour consacrer, à une seule voix, le régime politique qu'au prix de tant d'efforts incohérents elle avait toujours essayé d'écarter. Pour l'instant toutefois, elle ne voyait pas aussi loin et n'avait réellement d'autre souci que la paix.

*
* *

Le 13 février, elle se réunissait pour la première fois dans la salle du Grand Théâtre de Bordeaux. La ville n'avait pas quitté son aspect des jours de guerre. Ses rues, ses quais, ses avenues, dont certaines étaient encore transformées en parc d'artillerie, grouillaient d'une foule bruyante et quelque peu cosmopolite, où la vareuse déchiquetée du mobile frôlait le costume truculent des franc-tireurs de La Plata. Journalistes, fournisseurs, agents d'affaires, gens déracinés et quémandeurs de places se heurtaient, se bousculaient vers la préfecture ou se répandaient dans les cafés. Et dans cette cohue trépidante, le ministre qui pendant des mois avait dirigé tout, commandé à tout, qui était si omnipotent qu'on l'avait appelé le dictateur, Gambetta, n'avait même pas eu un coin où il fût à l'abri des fâcheux. Quand il voulait écrire, a dit Jules Simon, « il s'abritait derrière un paravent. Il donnait des audiences à la foule sur le balcon, aux députations au haut de l'escalier, et aux individus derrière la porte. » Quant aux chefs de service, ils s'arrangeaient comme ils pouvaient.

Telle avait été la physionomie de la cité giron-dine pendant la guerre, et telle elle était encore, exception faite pour ce qui regardait le proconsul, car celui-ci, comme on l'a vu plus haut, allait partir pour Saint-Sébastien et, d'ailleurs, le gouver-nement de la Défense nationale, ayant remis ses pouvoirs à l'assemblée souveraine, avait cessé d'exister. Mais cette physionomie s'égayait main-tenant de quelques spectacles imprévus, celui, par exemple, de Garibaldi à moitié perclus, mais étalant sa chemise rouge en voiture, ou de Victor Hugo se promenant, solennel et olympien, avec, sur la tête, un képi de garde national.

Le 16, l'Assemblée, ayant à peu près terminé la vérification des pouvoirs et se trouvant en nombre (533 membres présents), procéda à l'élection de son bureau. Il était fourni tout entier par les diverses fractions du parti monarchique, sauf pour un secrétaire, M. Bethmont, et, chose plus inat-tendue, pour son président, Jules Grévy. Mais celui-ci était présenté par Thiers, à qui sa renommée et les deux millions de voix qu'il avait obtenues faisaient déjà une situation prépondérante. Au reste, s'il ne plaisait pas à tous, il ne déplaisait à personne. Les républicains, dont il était, le tenaient en grande estime et lui attribuaient des qualités que peut-être il n'avait pas toutes; quant aux conservateurs, ils lui savaient gré d'avoir, au 4 septembre 1870, refusé le portefeuille de la Justice. C'était un avocat délié et habile, sinon quelque peu retors, qui, à des apparences austères, mêlait des faiblesses dont il devait devenir plus tard la victime. « Sous le masque antique, disait de lui son ami Scheurer-Kestner, on voyait luire l'œil malin et madré du paysan franc-comtois. »

Ces opérations constitutives achevées, la question se posait de savoir à qui serait confié le pouvoir exécutif, ou, pour mieux dire, elle ne se posait pas. Il se trouvait là, en effet, un homme que le pays semblait avoir désigné par avance en une sorte de plébiscite spontané, un homme dont l'ascendant était indiscuté et l'autorité considérable sur l'Assemblée tout entière : c'était Thiers. Le rôle qu'il avait joué dans la Révolution de 1830, sous la Monarchie de Juillet et, depuis 1863, sous le Second Empire, était connu de tout le monde et se grandissait encore de sa renommée d'historien. On citait la perspicacité dont il avait fait preuve dans ses discours au moment de la guerre, sans se souvenir qu'il lui avait malheureusement manqué le corollaire des déductions pratiques qui auraient pu la rendre efficace. Il venait d'accomplir à travers l'Europe, malgré son grand âge, un pénible voyage pour chercher à la France envahie des sympathies et une aide impitoyablement refusées d'ailleurs, et il s'était, dès son retour, entremis pour obtenir de Bismarck une suspension d'armes. Au surplus, il comptait dans l'Assemblée des amitiés nombreuses, celles de tous les parlementaires, qui le considéraient comme le plus illustre et le plus autorisé d'entre eux. Les monarchistes le supposaient des leurs, parce qu'il avait fait sous la monarchie le plus brillant de sa carrière, et les républicains allaient à lui parce qu'il avait dit que la République « est le gouvernement qui nous divise le moins. » Étant porté par tout le monde, il devait monter au faîte d'un seul bond. Comme ont dit, peut-être avec une pointe de malice, deux de ses adversaires les plus décidés, le comte de Falloux et le vicomte de Meaux, il était l'homme « inévitable, » parce que, dans le désarroi général, il apparaissait comme le seul capable de remettre un peu d'ordre dans les affaires. On voyait en lui le pilote à qui la France, semblable à un navire en détresse, devait remettre le gouvernail.

Le 17 donc, sur la proposition de Grévy, qui lui payait ainsi sa dette, et de plusieurs de ses amis, il était, par décret, nommé « chef du pouvoir exécutif de la République française, » sous l'autorité de l'Assemblée nationale, et avec le droit de choisir ses ministres, dont il présiderait le conseil. Ce document impliquait l'existence de fait de la République, que personne évidemment ne pouvait nier. Mais, pour qu'il fût bien entendu qu'elle n'était que provisoire, les monarchistes avaient fait mettre en tête du décret cette phrase restrictive : « Considérant qu'il importe, *avant qu'il soit statué sur les institutions de la France,* de pourvoir immédiatement aux nécessités du gouvernement et à la conduite des négociations. » Ainsi, l'avenir était réservé. Thiers, lui, entendait bien manœuvrer pour qu'il tournât à l'avantage de ses propres ambitions.

Sûr par avance de son élection, il avait déjà composé son Ministère avec un éclectisme dont les partis avancés se montrèrent tout de suite mécontents et froissés. Il y faisait entrer un légitimiste, de Larcy ; quatre membres du centre droit, Dufaure, Lambrecht, le général Le Flô et l'amiral Pothuau ; un bonapartiste, Pouyer-Quertier, et seulement trois républicains, Jules Favre, Ernest Picard et Jules Simon. Encore ces derniers comptaient-ils parmi les plus hostiles aux procédés dictatoriaux de la Délégation. La gauche était donc peu satisfaite, et la droite extrême encore moins. Mais l'heure était trop grave pour qu'on s'offrît le luxe d'une crise ; aussi bien nul ne doutait que, au-dessus des personnalités désignées, ce fût Thiers qui dirigeât tout.

Restait à celui-ci à exposer son programme. Il le

L'ARMISTICE DE 1871

fit, le 19, en un discours aussi remarquable par l'élévation du langage que par la profondeur des vues et la sagesse des conseils.

« Débarrasser nos campagnes de l'ennemi qui les foule et les dévore, disait-il ; rappeler des prisons étrangères nos soldats, nos officiers, nos généraux prisonniers ; reconstituer avec eux une armée disciplinée et vaillante ; rétablir l'ordre troublé ; remplacer ensuite sur-le-champ les administrateurs démissionnaires ou indignes ; reformer par l'élection nos conseils généraux, nos conseils municipaux dissous ; reconstituer aussi notre administration désorganisée, faire cesser des dépenses ruineuses, reconstituer ainsi sinon nos finances — ce qui ne saurait être l'œuvre d'un jour — du moins notre crédit, moyen unique de faire face à des engagements pressants ; renvoyer aux champs, aux ateliers, nos mobiles, nos mobilisés ; rouvrir les routes interceptées, relever les ponts détruits ; faire renaître ainsi le travail partout suspendu, le travail qui seul peut procurer les moyens de vivre à nos ouvriers, à nos paysans ! Y a-t-il quelqu'un qui pourrait nous dire qu'il y a quelque chose de plus pressant que tout cela ? Et y aurait-il quelqu'un ici qui oserait discuter savamment des articles de Constitution, pendant que nos prisonniers expirent de misère dans des contrées lointaines, ou pendant que nos populations mourantes de faim sont obligées de livrer aux soldats étrangers le dernier morceau de pain qui leur reste ? »

Ce tableau pathétique de nos misères et des devoirs qu'elles entraînaient se terminait par un vibrant appel à la concorde, à l'union, à la trêve des partis. Sa conclusion était comme un préliminaire de ce qu'on a appelé plus tard le « pacte de Bordeaux. » Il fut salué par des applaudissements unanimes et répétés. Pour Thiers, qui était assuré maintenant des sentiments de l'Assemblée et que les pays européens s'empressaient de reconnaître comme chef d'un État régulier, il se mit résolument à l'œuvre, commençant par remplir les ambassades d'hommes appartenant à la haute aristocratie ou distingués dans la carrière, le duc de Broglie à Londres, le duc de Noailles à Saint-Pétersbourg, le marquis de Banneville à Vienne, le marquis de Vogüé à Constantinople, enfin le marquis de Gabriac à Berlin; puis remplaçant les préfets hétéroclites du 4 septembre par des hommes plus qualifiés, plus posés et plus sûrs, tels que les frères Cambon, Léon Say, Poubelle, Tirman et Le Myre de Vilers. La partie la plus rapidement réalisable de son programme s'effectuait.

Mais une autre affaire pressait : celle des négociations de paix. On était déjà au 19 février et l'armistice expirait le 21. Thiers demanda donc à l'Assemblée de suspendre ses séances et partit le jour même pour Paris, avec Jules Favre, ministre des Affaires étrangères. Encore qu'il fût placé sous le contrôle virtuel d'une commission de quinze membres chargée « d'assister les négociateurs de sa présence et de ses conseils » et peut-être aussi de les surveiller, il était investi des pouvoirs les plus étendus, qui lui avaient été conférés après un pénible incident survenu à la séance du 17, quelques heures avant son élévation au pouvoir.

Au nom de trente-cinq députés de l'Alsace et de la Lorraine, M. Keller venait de porter à la tribune une déclaration très nette affirmant la volonté des populations qu'ils représentaient de demeurer françaises. Elle était conçue en des termes qui avaient profondément ému l'Assemblée et concluait formellement au refus de toute cession de territoire. Son auteur demandait l'urgence, tandis que certains députés, effrayés des conséquences et voulant réfléchir, proposaient le renvoi au lendemain. Thiers s'y opposa avec énergie. Sur le point d'assumer des responsabilités graves, il entendait n'en être point chargé tout seul : « Il n'y a, disait-il, qu'une chose digne de vous, digne de la France, digne du vrai patriotisme, c'est de prendre votre parti tout de suite pour qu'on sache ce que vous voulez tous. Sachez-le bien, vous ne pouvez vous cacher derrière le gouvernement que vous instituerez. Ayez le courage de votre opinion : ou la guerre ou la paix.... »

Ces paroles décisives enlevèrent l'Assemblée

qui une heure après, sur le rapport de M. Beulé, votait un ordre du jour « accueillant avec la plus vive sympathie la déclaration de M. Keller, mais s'en remettant à la sagesse et au patriotisme des négociateurs. » C'était avouer que le sacrifice était consenti. Peut-être eût-il été plus politique de ne pas le faire si tôt.

En même temps, une enquête était ordonnée sur la situation de nos forces pour le cas où, devant les exigences du vainqueur, il faudrait reprendre les armes. Elle démontra très vite qu'étant donné la désorganisation générale, on ne pouvait plus guère se battre qu'en guérillas, sans autre espoir que de prolonger la lutte, d'accumuler les ruines et de grossir les exigences finales des Allemands. Thiers avait certainement raison de repousser cette solution désespérée. Son seul tort était de trop afficher ses sentiments, dans le moment où il se disposait à traiter avec l'ennemi. Car les Allemands, eux aussi, avaient un violent désir de paix. Ils étaient épuisés et à bout d'efforts, à tel point qu'une attitude résolue de notre part pouvait fort bien les rendre plus accommodants et, à ce compte, l'intransigeance forcenée de Gambetta eût probablement mieux valu que la prudence trop accusée de son successeur. C'est en restant en garde qu'il convenait d'envoyer à Versailles nos plénipotentiaires, non en leur infligeant la posture

désobligeante des gens résignés aux plus douloureuses concessions.

Aussi bien, sur la question de l'Alsace-Lorraine,
Birmarck ne s'était pas encore déclaré. Il s'entendait
mal avec Moltke qui, lui, était pour les sanctions
les plus rigoureuses, mais à qui il reprochait de
conduire en dehors de lui la guerre et la paix. Ses
Souvenirs sont, à cet égard, très caractéristiques.
Ce qu'ils ne disent pas, et ce que Moritz Busch a
enregistré, c'est cette sorte d'ouverture échappée au
chancelier, le 15 février, devant ses commensaux.

« Si les Français nous donnaient un milliard de
plus, disait-il, nous pourrions peut-être leur laisser
Metz. Nous prendrions alors huit cents millions
et nous construirions une forteresse qui serait
située à quelques milles allemands en arrière de
Falkenberg (Faulquemont) ou de Sarrebrück où
on trouverait un endroit convenable. De cette
façon il nous resterait encore deux cents millions.
*Je n'aime pas tant à voir dans ma maison des
Français qui n'aimeront pas à y être.* Il en est de
même pour Belfort. Mais les militaires ne voudront
pas perdre Metz. Et peut-être ont-ils raison. »

Il y avait donc encore chez lui un peu d'hésita-
tion. Mais le fait certain est qu'il voulait en
finir et avec d'autant plus de hâte qu'il commençait
à redouter une intervention des puissances neutres,
dont deux au moins, l'Autriche et l'Angleterre,

esquissaient contre l'hégémonie prussienne quelques légères velléités d'opposition. On aurait pu peut-être exploiter ces tendances mieux qu'on ne le fît. Mais, pour cela, il eût fallu que Thiers, moins avisé diplomate que fin politique, se doublât d'un autre acolyte que Jules Favre, dont les erreurs et les bévues ne se comptaient plus. Devant le terrible antagoniste qu'on allait aborder, le négociateur falot de Ferrières et de l'armistice faisait piteuse figure. On aurait certainement pu trouver, dans les cadres diplomatiques, quelqu'un de moins complètement disqualifié.

Et Thiers lui-même avait-il la tournure d'esprit qu'il eût fallu pour déjouer les roueries de Bismarck?

Voici comment celui-ci le jugeait :

« C'est un homme intelligent et aimable, malin et spirituel. Mais chez lui pas trace du diplomate ; il est trop sentimental pour le métier. C'est certainement une nature plus distinguée que celle de Jules Favre, mais ce n'est pas l'homme qu'il faut pour discuter une affaire, *pas même un achat de chevaux (sic)*. Il se laisse facilement impressionner ; il trahit ce qu'il éprouve et il se laisse sonder. C'est ainsi que j'ai pu tirer une foule de choses de lui, entre autres (le 2 novembre) qu'ils n'ont plus que pour trois ou quatre semaines de vivres. » (Moritz Busch.)

Avec un lutteur de la taille du chancelier il

est clair qu'une plus forte armature eût été de rigueur. N'oublions pas toutefois que quand il rend cet arrêt quelque peu désobligeant, Bismarck est à la fois juge et partie. Au reste, on ne le trouve indulgent pour personne, sinon pour lui-même ; et ce n'est que dans ses propres louanges qu'il a coutume de se montrer libéral.

*
* *

Pendant que se déroulaient à Bordeaux les événements dont il vient d'être question, la capitale était tout enfiévrée. On y appliquait les clauses de l'armistice, et l'armée, forte encore de 250 000 hommes, se trouvait placée, pour ainsi dire, sous la surveillance des troupes allemandes, tandis que la garde nationale, qui n'avait partagé ni ses souffrances ni ses dangers et s'était à peine montrée sur les champs de bataille, conservait ses armes et restait une force organisée : c'était dur pour la première, qui avait laissé au feu le 1/5 de son effectif, tandis que la seconde n'y avait perdu que le 1/166 ! Elle se montrait d'autant plus découragée et irritée qu'accablée d'invectives par les clubs, la presse avancée et la partie mauvaise de la population, elle se sentait complètement abandonnée. Avec des dispositions pareilles, il lui était difficile de résister aux assauts de l'indiscipline, que favorisait encore son oisiveté.

Dès le 19 février, elle avait, sauf une division conservée comme on l'a vu et que commandait le général Faron, achevé de rendre ses armes. A dater de ce jour, les soldats, soumis aux pernicieuses influences d'une promiscuité malsaine et dégagés des liens salutaires de la hiérarchie, se laissèrent gagner peu à peu aux théories dissolvantes qu'ils entendaient professer autour d'eux. Leur valeur, acquise à une rude école et dont ils avaient, surtout aux derniers temps du siège, donné d'éclatants témoignages, sombra dans la désagrégation, et lorsque, quelques semaines plus tard, il fallut faire de nouveau appel à leurs services, certains d'entre eux oublièrent leur devoir au point de pactiser avec les émeutiers qui, la veille encore, les traitaient de lâches et de capitulards.

D'ailleurs, comment auraient-ils résisté, quand ils étaient si mal protégés? Certain jour, la populace essaya de débaucher les marins casernés à l'École Militaire et à la Pépinière. Elle échoua sur le premier point. Sur le second, les grilles ayant été rompues, des matelots sans défense se laissèrent entraîner à un banquet soi-disant patriotique et démocratique, organisé place de la Bastille. Cependant, à l'appel du soir, huit hommes seulement manquaient, sur 1 800. D'autres corps ne furent malheureusement pas aussi résistants.

Dans Paris un certain nombre d'énergumènes venaient de se constituer en *Comité central de la Fédération nationale de la Garde nationale*, dénomination que sa longueur et sa redondance ne clarifiait pas, mais qui cachait les intentions les plus subversives. Ce comité devait promptement dégénérer en un foyer insurrectionnel qu'un gouvernement plus solide se fût empressé d'éteindre. On se garda d'y toucher. Alors il se manifesta par des actes dont les conséquences devaient être très graves. Sous prétexte de soustraire à l'ennemi un matériel appartenant à la cité, il fit conduire à Montmartre et à Belleville, à travers des rues pleines d'une foule agitée et hurlante, les pièces retirées du rempart. La Commune allait sortir de là.

Devant ces manifestations nettement révolutionnaires, le pouvoir se sentait à peu près désarmé. Les troupes dont il disposait étaient, comme on vient de le voir, en partie suspectes, tandis que la populace semblait atteinte de folie. De la garde nationale, la majeure partie s'inféodait peu à peu au Comité central, et l'autre se laissait gagner par l'exaltation d'un patriotisme mal compris. Il ne restait à Paris que quatre membres du gouvernement, les autres ayant gagné la province pour des raisons diverses, et Trochu, qui les présidait, n'était pas, on le sait, pour les moyens énergiques. Il est vrai qu'il ne les avait pas; mais les eût-il possédés qu'il ne s'en serait pas servi, son caractère le poussant plutôt à l'abus du verbe qu'à celui de la force. Il essaya donc une fois de plus des concessions, et sans succès. Le Comité central déclarait hautement que si les Allemands entraient dans Paris, comme on leur en attribuait l'intention, il s'y opposerait par la force. Et devant la menace d'une semblable collision, les quatre augures se regardaient en tremblant. Il arriva fort heureusement que la date de l'événement redouté, dont nous parlerons plus loin, put être tenue secrète et que les émeutiers, pris de court, en furent pour leurs frais de rodomontades. Mais l'incendie couvait toujours sous la cendre, et l'on sentait que la moindre étincelle le rallumerait. Loin de s'apaiser, l'agitation croissait partout; des réunions tumultueuses, où les pires doctrines étaient frénétiquement applaudies, se tenaient aux quatre coins de la cité. Quelque effort qu'on fît pour l'enrayer, le mouvement insurrectionnel gagnait en profondeur et en étendue. Chacun le constatait, mais rien, ou à peu près, n'était fait pour l'enrayer.

CHAPITRE VI

THIERS ET BISMARCK

LES mandataires de l'Assemblée nationale étaient arrivés à Paris le lundi 20 février. Dès le lendemain, à une heure un quart de l'après-midi, ils faisaient leur première visite à Bismarck, dans cette même maison de Versailles où l'on a déjà vu Jules Favre s'escrimer avec lui. Nous possédons de cette entrevue et des suivantes un récit très complet, donné par Thiers dans ses *Notes et Souvenirs*. Ce récit, nous l'allons suivre pas à pas.

La première parole du chef du pouvoir exécutif fut pour demander une nouvelle prolongation de l'armistice, qui déjà, d'un commun accord, avait été prorogé jusqu'au 24. Mais le chancelier la refusa tout net : « Je ne suis pas le maître, dit-il. On me reproche d'être trop faible ; on recommence la campagne dirigée contre moi à Prague (lors des négociations qui suivirent Sadowa) et qui me fit tant de mal ; on dit que je ne sais pas vous réduire.

Bref, j'ai eu un ordre formel du roi de ne pas prolonger l'armistice et d'arrêter les préliminaires de paix d'ici à jeudi. » Thiers eut beau protester contre cette contrainte et dire qu'il était impossible de bâcler, en quarante-huit heures, une convention même sommaire, il n'obtint rien. Bismarck même, pour rompre les chiens, se mit sans transition à parler de l'entrée des Allemands dans Paris. Il y tenait essentiellement.

— J'ai à compter, disait-il, avec la gloire de l'armée prussienne et à prendre garde qu'on ne puisse dire, comme vos journaux le font tous les jours, que cette armée, venue aux portes de la capitale, n'a pas osé y entrer.

L'aventure était scabreuse. La moindre collision pouvait amener une catastrophe, et Thiers en montrait la redoutable éventualité. Mais le chancelier demeurait inflexible. Toutefois, il concédait que l'occupation fût réduite à un quartier unique, celui par exemple des Champs-Élysées. Le péril était ainsi circonscrit, mais non écarté. De guerre lasse, on convint d'en référer au roi : « Arrivons maintenant au grand sujet, » dit alors Thiers d'une voix qui tremblait d'émotion.

— Je ne veux pas maquignonner, répondit Bismarck. Voici donc mes conditions : cession de l'Alsace, d'une partie de la Lorraine, et indemnité de guerre de six milliards.

L'ARMISTICE DE 1871

Le vieillard eut un sursaut. Il s'attendait certainement à un lourd sacrifice territorial, mais la rançon
pécuniaire lui semblait exorbitante. Cependant,
pour éviter une brusque rupture, il se borna à des
protestations de forme, auxquelles il donna pour
conclusion ces paroles : « Si vous me demandez
l'impossible, je me retirerai et vous gouvernerez la
France. » Mais Bismarck n'avait pas cette ambition.
Sous prétexte d'aller demander au roi la prolongation de l'armistice — qui, en effet, fut prorogé
jusqu'au dimanche 26, à minuit — il rompit
l'entretien, après qu'il eût été convenu que, le
lendemain, Guillaume Ier recevrait le négociateur
français.

Ce jour-là, les deux chefs d'État restèrent longtemps ensemble, mais pour ne parler que de
l'entrée des Allemands à Paris. Sur le reste, le roi
ne dit mot. Il avait été certainement cuisiné par
son Ministère qui, d'autre part, avait dit à Thiers :
« Ne le poussez pas trop. Les monarques, voyez-
vous, ne sont pas habitués à une vie aussi labo-
rieuse que la nôtre. A son âge, il a besoin qu'on
ménage ses forces. D'ailleurs, il n'aime pas à parler
d'affaires hors de la présence de ses ministres. » Ce
qui signifiait assez clairement que lui, Bismarck,
n'aimait pas que son maître réglât les choses tout
seul.

A l'issue de cette audience, notre plénipotentiaire se rendit chez le prince royal, qui lui parut plus accessible aux conseils de la modération. C'était, paraît-il, un homme aux idées larges et conciliantes, sur qui sa femme, princesse d'Angleterre que détestaient Bismarck et la camarilla militaire, exerçait une heureuse influence. Mais il n'avait pas une autorité suffisante dans les conseils pour faire prévaloir ses idées généreuses. Et ses tentatives dans ce sens restaient forcément à l'état de velléités.

Ces visites finies, les deux négociateurs s'abouchèrent à nouveau. Rencontre « orageuse, » où il fut d'abord question de Metz. Thiers rappelait à son interlocuteur qu'au mois de novembre il lui avait promis de rendre cette ville. — « Oui, répondait l'autre que Moltke avait stylé. Mais ce qui était possible alors ne l'est plus aujourd'hui, après trois mois d'effusion de sang. Au reste, mieux vaut rompre tout de suite que de ne pas nous accorder sur ce point. »

Thiers ne voulait pas rompre, et, dès lors, il n'insista plus. Mais il aborda la question de l'indemnité, dont il demanda la réduction. — « Nous verrons cela demain, » répondit le chancelier. Le lendemain, en effet, deux banquiers berlinois, Henckel et Bleischrœder, venaient trouver, de sa part, notre plénipotentiaire, lequel, en financier expérimenté, s'efforça de leur démontrer que tirer des capitalistes

12

de l'Europe une somme de six milliards lui paraissait impossible, et réussit presque, par une habile dialectique, à les persuader. C'était un appréciable succès, car on ne jonglait pas alors, comme aujourd'hui, avec les milliards.

Entre temps, la Commission de l'Assemblée nationale chargée de contrôler les négociations avait gagné Versailles. Bien que ses membres fussent tous désireux de faire la paix, elle jugeait cependant que Thiers se montrait trop coulant sur les cessions de territoire. Et celui-ci se défendait comme il le pouvait.

« Un jour, raconte dans les *Mémoires d'un Royaliste* M. de Falloux qui ne manque jamais d'afficher contre le vieil homme d'État une aigreur malicieuse, un jour il alla jusqu'à dire : « Ne nous exa« gérons pas ce qu'on demande à la France en ce « moment-ci ; ce n'est qu'un bien petit morceau. » A ces mots, un des membres de la Commission, l'un des plus spirituels de l'Assemblée, se souleva sur son fauteuil et, avec une verve plaisante qui cache souvent chez lui un sens très sérieux et très profond, il répliqua : « Il y a des cas où l'on n'enlève « à un homme qu'un petit morceau, et pourtant ce « n'est plus un homme. » M. Thiers fut un instant déconcerté, mais il ne l'était jamais longtemps. Cette fois, il reprit son aplomb en ayant raison sur autre chose. »

Il cherchait à amadouer ses contradicteurs en appuyant avec complaisance sur les compliments intéressés dont Bismarck affectait de le combler. Il insistait sur les difficultés très réelles de sa tâche et sur les dures obligations qu'elle lui imposait. Il employait à tour de rôle la persuasion et l'autorité. Grâce à cette habileté, c'est investi de la confiance générale que, le vendredi 24, il retourna pour la quatrième fois auprès du redoutable chancelier. Il était résolu à céder sur Metz; mais il voulait à tout prix conserver Belfort à la France. Et Bismarck revendiquait l'Alsace tout entière, sans en excepter rien!

Pendant deux heures on batailla, Thiers usant alternativement de la prière et de la menace. Il était désespéré, mais tenace. Le chancelier, lui prenant la main, disait : « Croyez-moi, j'ai fait ce que j'ai pu, mais quant à vous laisser une partie de l'Alsace, c'est impossible. — Je signe à l'instant même, ripostait l'autre, si vous me concédez Belfort. Sinon, rien que les dernières extrémités, quelles qu'elles soient! »

Ce langage énergique impressionnait Bismarck qui, allant à son bureau, écrivit deux lettres, l'une pour le roi, l'autre pour Moltke : « Il faut le mettre avec nous, dit-il; sans lui, nous n'obtiendrons rien.... »

Laissons maintenant la parole à Thiers lui-même,

pour ne pas déflorer le poignant récit qu'il a fait de cette scène dramatique.

« Une demi-heure s'écoula. Tous les bruits de pas, dans l'antichambre, me faisaient battre le cœur. Enfin la porte s'ouvre. On annonce que le roi est à la promenade et que M. de Moltke aussi est absent de chez lui. Le roi ne rentrera qu'à quatre heures, M. de Moltke on ne sait quand. Nous nous décidons à attendre, car partir sans avoir résolu la question, ce serait la perdre.

« M. de Bismarck nous quitte pour aller dîner, et nous passons une heure, M. Jules Favre et moi, dans une anxiété inexprimable. M. de Bismarck reparaît. Le roi est rentré, mais ne veut rien décider sans avoir vu M. de Moltke. M. de Moltke arrive. M. de Bismarck nous quitte pour aller l'entretenir. Nous attendons. L'entretien nous paraît long. M. de Bismarck rentre, le visage satisfait. « Moltke est des nôtres, dit-il, il va convertir le roi .»

« Nouvelle attente de trois quarts d'heure. On rappelle M. de Bismarck, qui va s'informer de ce que rapporte M. de Moltke. Après un entretien assez long avec lui, il revient enfin et, la main sur la clef de la porte, il me dit : « J'ai une alternative à vous proposer. Que préférez-vous? Belfort ou la renonciation de notre entrée dans Paris? »

« Je n'hésite pas' et, jetant un regard sur M. Jules Favre, qui devine mon sentiment et le partage : « Belfort! Belfort! » m'écriai-je. L'entrée des Allemands dans Paris devait être une souffrance pour notre orgueil, un danger pour nous, gouvernants; mais la patrie avant tout.

« M. de Bismarck va rejoindre M. de Moltke et nous apporte enfin la concession définitive de Belfort, à la condition que nous abandonnions quatre petits villages, sur la limite de la Lorraine, où se trouvent enterrés huit à dix mille Prussiens. Nous respectons ce sentiment religieux du monarque pour ses soldats.

« Nous étions partis de Paris à onze heures du matin, et nous quittions Versailles à neuf heures et demie du soir, ayant conservé Belfort à la France. De dix heures à minuit, nous avons une séance de la Commission; nous lui racontons tout, et elle nous remercie de nos efforts. »

Après cette cruelle séance, il semblait que tout fût terminé. Cependant, la journée du 25 se passa encore en discussions, qui même furent assez aigres. Le chancelier se montrait renfrogné, hautain, presque coléreux. Il souffrait de névralgies et s'irritait de voir la presse anglaise, ou du moins une partie d'entre elle, faire des réflexions sur l'énormité de l'indemnité de guerre. Il accusait Thiers, sur un ton à peine convenable, d'avoir en sous-main, provoqué l'incident.

— Je vois bien, disait-il rageusement, que votre seul but est de rentrer en campagne. Vous y trouverez des conseils et l'appui de vos bons amis, Messieurs les Anglais !

Et comme Thiers s'écriait : « C'est une indignité! » il se mit tout à coup à parler allemand.

— Mais, monsieur le comte, fit alors son interlocuteur, vous savez bien que je ne comprends pas ce langage. »

Il répondit, en français, cette fois :

— Quand vous m'avez parlé d'indignité, il m'a semblé que je ne connaissais pas le français, et j'ai préféré parler allemand. Je sais, avec cette langue, ce que je dis et ce que j'entends. Aussi, vous amènerez demain un interprète, si vous voulez continuer la conversation.

Puis, content de sa boutade, il se remit à discuter. Thiers disait que s'il ne modérait pas ses exigences, l'Europe peut-être s'en mêlerait.

— Bien! répondit-il, si vous me parlez de l'Europe, je vous parlerai de Napoléon....

Et il reprit l'ancienne antienne qui avait tant affolé Jules Favre, affirmant que l'Empire gardait encore beaucoup de prestige dans les masses populaires, chez les paysans et les soldats. — « Nous vous l'imposerons, disait-il, si vous résistez trop. »

Thiers n'avait aucun goût pour cette solution. Il changea donc d'entretien et finit par amadouer quelque peu son terrible antagoniste, qui, revenu de ses impressions premières, avait pour lui estime et considération. « Il me plaît beaucoup, disait-il à son entourage; c'est une tête fine. Ses manières sont charmantes et il raconte à merveille. Parfois même, j'ai pitié de lui, car sa situation est pitoyable. *Mais tout cela ne sert à rien.* »

Et en effet, il demeurait inexorable. Thiers essayait de réduire l'indemnité à 1 500 millions.

— Vous ne pouvez vous figurer, disait-il, ce que nous coûte cette guerre. On ne nous a donné que de mauvaises marchandises, des vêtements de camelote, des souliers de carton et des fusils fort mauvais, surtout les américains....

— Eh bien, répondait Bismarck, figurez-vous qu'un homme vous surprenne et veuille vous frapper. Vous vous défendez et, quand vous demandez réparation, il répond : « Les verges dont je voulais vous frapper m'ont coûté fort cher et étaient mal fabriquées. » Qu'en dites-vous?

A de tels arguments, il n'y avait en effet rien à répondre, et Thiers ne répondait pas. Du moins voulait-il encore, à propos de l'indemnité de guerre, nous éviter certaines humiliations. Bismarck avait prétendu imposer des modalités d'exécution particulièrement favorables aux banques d'outre-Rhin et à l'Allemagne. Très digne, mais très ferme, notre négociateur résista. « Quand la France prend des engagements, dit-il, elle prétend y faire honneur sans l'aide d'un personnel étranger. » Cette attitude décidée finit par avoir raison d'une rigueur qui peut-être n'était que feinte, et visait surtout à l'intimidation. Quand, à dix heures du soir, on se sépara, chacun restait sur ses positions. Seulement, Bismarck n'insistait plus autant et même, dans le fond, il cédait.

Le lendemain 26, à près de cinq heures du soir, les signatures furent enfin échangées. Les représentants des États allemands du Sud étaient présents, mais comme de simples comparses, le chancelier ayant voulu, pour affirmer l'unité de l'Allemagne, s'engager seul en son nom. Il prit une plume d'or que lui avaient envoyée des dames allemandes et la passa ensuite aux deux plénipotentiaires français, qui signèrent à leur tour. Après quoi, on se sépara.

« Remontés en voiture, a écrit Jules Favre, nous ne trouvâmes pas une parole à échanger pendant tout le trajet. Mon cœur était si oppressé qu'il étouffait. M. Thiers succombait à son émotion. De Versailles à Paris, ses yeux ne cessèrent de se mouiller de larmes. Il les essuyait sans dire un mot, mais il était facile de voir, à ses traits bouleversés, qu'il était en proie à l'une des plus ineffables douleurs qu'il soit donné à l'homme de ressentir. »

Le sacrifice était en effet cruel : abandon de deux départements et demi et paiement d'une rançon énorme pour l'époque. De celle-ci, l'acquittement était, il est vrai, échelonné; mais, comme garantie, une partie du territoire devait rester occupé par des troupes ennemies, dont la nourriture était à notre charge, jusqu'au solde du deuxième milliard, des gages financiers pouvant alors être donnés en échange de l'évacuation; ce qui n'empêcherait pas 50 000 Allemands de cantonner encore dans sept départements de l'Est jusqu'à libération définitive. (Nous ne rappelons ceci que pour mémoire, car il y eut plus tard de nouveaux arrangements.) Enfin, Paris et les forts de la rive gauche seraient évacués aussitôt après la ratification par l'Assemblée de ces préliminaires; les forts de la rive droite et le département de la Seine après le paiement des premiers 500 millions.

D'autres stipulations suivaient, dont voici les principales. L'armée française se retirait derrière la Loire, sauf les garnisons des forteresses et 40 000 hommes à Paris. Les réquisitions cesseraient immédiatement; les prisonniers de guerre seraient rapatriés après la ratification; le droit d'option était conféré aux citoyens appartenant aux pays cédés et la perception des impôts dans ceux occupés remise aux autorités françaises. L'armistice était prorogé jusqu'au 12 mars; mais, dès le 3, chacune des parties contractantes avait le droit de le dénoncer, avec un délai de trois jours pour la reprise des hostilités. Et voici maintenant la clause redoutable.

« La partie de la ville de Paris, à l'intérieur de

l'enceinte et comprise entre la Seine, la rue du Faubourg-Saint-Honoré et l'avenue des Ternes, sera occupée par les troupes allemandes, dont le nombre ne dépassera pas 30 000 hommes. Le mode d'occupation et les dispositions pour le logement des troupes allemandes dans cette partie de la ville seront réglés par une entente entre les officiers supérieurs des deux armées, et l'accès en sera interdit aux troupes françaises et aux gardes nationales pendant la durée de l'occupation. »

****

De retour à Bordeaux le 28, le chef du pouvoir exécutif avait déposé sur le bureau de l'Assemblée un projet de loi, qui débutait ainsi: « L'Assemblée nationale, subissant les conséquences d'un fait dont elle n'est pas l'auteur, ratifie les préliminaires de paix dont le texte est ci-annexé. » Il demandait l'urgence, voulant aller vite pour abréger l'occupation de la capitale, laquelle devait durer jusqu'à la ratification. Il l'obtint, en dépit de quelque opposition de gauche, et dès le lendemain la discussion commença.

Elle ne fut pas très longue, malgré une diatribe de Louis Blanc, qui demandait que l'on continuât la guerre en partisans, un discours plus posé d'Edgar Quinet et une divagation romantique de Victor Hugo, toujours emphatique et solennel. Sa harangue boursouflée fut accueillie avec tant d'irrévérence par une assemblée consternée qui succombait sous le poids de la douleur publique, qu'il en garda une violente rancune et ne tarda pas à se démettre de son mandat. Quant à Thiers, il fut, à son habitude, positif et persuasif. Il connaissait, et beaucoup de ses auditeurs connaissaient comme lui, les conclusions d'un rapport établi par l'amiral Jauréguiberry sur l'état de nos forces. Elles accusaient une impuissance à peu près totale. La partie semblait donc gagnée, malgré les efforts de M. Bamberger, député de Metz, qui parlait contre le traité, quand se produisit un incident tout à fait imprévu.

L'orateur ayant fait remonter les responsabilités du désastre à Napoléon III fut violemment interrompu par MM. Galloni d'Istria et Conti, ce dernier ancien chef du cabinet de l'Empereur. Un tumulte violent suivit, devenu bientôt tel que le président Grévy dut se couvrir et suspendre la séance. A la reprise, M. Target apporta une proposition signée de lui et de vingt-cinq de ses collègues, qui proclamait la déchéance de Napoléon III et de sa dynastie, et déclarait l'ex-souverain « responsable de la ruine, de l'invasion et du démembrement du territoire. »

L'ARMISTICE DE 1871

M. Gavini protestait, affirmant que seul un plébiscite pouvait défaire ce qu'un plébiscite avait fait. Mais Thiers alors bondit à la tribune, pour prononcer contre l'empire tombé le plus dur des réquisitoires. Il affirma ensuite, contre M. Gavini et les bonapartistes, que l'Assemblée était souveraine, et cela, ajoutait-il, parce que « depuis vingt ans c'est la première fois que les élections ont été parfaitement libres (*Acclamations*) et que le pays a pu dire librement sa volonté. »

Le fait était vrai, mais l'argument assez spécieux. La souveraineté d'une Chambre ne résulte pas, en effet, du plus ou moins de sincérité des élections, mais seulement d'une délégation formelle donnée par la nation. Or la nation n'en avait donné aucune, sinon sur le droit de faire la paix. Mais les députés n'attendaient pas une consultation de droit politique pour être persuadés de leur omnipotence, voire même de leur pouvoir constituant. Ils s'attribuèrent sans discussion l'une et l'autre et votèrent la motion Target par assis et levé, moins six voix. Puis, le calme étant rétabli, on revint aux préliminaires de paix.

Alors, dans un silence émouvant que troublaient à peine quelques chuchotements discrets, M. Grosjean, député de la Moselle, se dirigea vers la tribune, un papier à la main. C'était l'appel déchirant que faisaient au droit et à la justice les populations arrachées à leur patrie d'élection. Il le lut d'une voix entrecoupée par les sanglots.

« Les représentants de l'Alsace et de la Lorraine ont déposé, avant toute négociation de paix, sur le bureau de l'Assemblée nationale, une déclaration affirmant de la manière la plus formelle, au nom de ces provinces, leur volonté et leur droit de rester françaises.

« Livrés, au mépris de toute justice et par un odieux abus de la force, à la domination de l'étranger, nous avons un dernier devoir à remplir.

« Nous déclarons, encore une fois, nul et non avenu un pacte qui dispose de nous sans notre consentement. *La revendication de nos droits reste à jamais ouverte à tous et à chacun, dans la forme et dans la mesure que notre conscience nous dictera.*

« Au moment de quitter cette enceinte, où notre dignité ne nous permet plus de siéger, et malgré l'amertume de notre douleur, la pensée suprême que nous trouvons au fond de nos cœurs est une pensée de reconnaissance pour ceux qui, pendant six mois, n'ont pas cessé de nous défendre, et d'inaltérable attachement à la patrie dont nous sommes violemment arrachés.

« Nous vous suivrons de nos vœux et nous attendrons avec une confiance entière dans l'avenir que la France régénérée reprenne le cours de sa grande destinée.

« Vos frères d'Alsace-Lorraine, séparés en ce moment de la famille commune, conserveront à la France absente de leurs foyers une affection fidèle jusqu'au jour où elle viendra y reprendre sa place. »

Ils ont tenu courageusement l'engagement solennel qui, ce jour-là, était pris en leur nom, et l'explosion d'indescriptible enthousiasme qui, après la victoire, a salué leur libération, montre plus éloquemment que toutes les paroles combien était profondément ancré dans leur âme un attachement que près d'un demi-siècle du plus dur esclavage n'avait pu déraciner. Les provinces qui nous avaient été arrachées par la force nous sont revenues, rédimées par le génie et l'héroïsme. Nous les avons retrouvées aussi aimantes, aussi passionnées qu'autrefois pour la vieille patrie, et l'on vit alors que ceux qui, en ce jour sombre de 1871 parlaient en leur nom, n'avaient pas pris un engagement téméraire. Que si parfois quelques nuages sont venus jeter leur ombre sur cette allégresse, le temps et une affection réciproque finiront bien par les dissiper. C'est à nous qu'il appartient de couronner cette réunion tant désirée par les bienfaits d'une intimité parfaite et de payer en attentions délicates la dette de gratitude qu'une aussi admirable constance nous a fait contracter.

M. Grosjean, ayant terminé sa lecture, descendit de la tribune, puis, suivi de ses trente-cinq collègues, sortit lentement de la salle, agitée d'un frémissement douloureux. Un morne silence y régnait, comme celui qui pèse sur la maison d'un mort. Dans les tribunes, les spectateurs essuyaient leurs yeux embués de larmes, et l'obscurité qui tombait des voûtes ajoutait sa mélancolie à la tristesse de cette scène inoubliable. Elle avait tellement ému l'Assemblée que la séance se trouva un moment suspendue de fait et que la suite de la discussion fut renvoyée à plus tard.

Tous les députés d'Alsace et de Lorraine avaient cru devoir déposer leur mandat. Mais, sur les instances du président Grévy, ceux qui représentaient des circonscriptions non annexées rentrèrent, ce qui réduisit à vingt le nombre des partants. Suivirent alors d'autres démissions, moins justifiées il est vrai, mais emphatiquement données en manière de protestation par des personnages qui n'avaient aucune qualité pour le faire, tels que Ledru-Rollin et M. Girot-Pouzol. Le 2 mars, les citoyens Rochefort, Ranc, Tridon et Malon donnèrent aussi la leur, mais en l'accompagnant d'un factum violemment agressif qui contenait en germe une partie des griefs invoqués plus tard pour justifier l'insurrection du 18 mars. Félix Pyat suivit bientôt, et avec encore plus d'insolence. Il est curieux de constater que toutes ces élucubrations, soi-disant dictées par un pur patriotisme, émanaient de ceux-là même qui n'allaient pas tarder à commettre un attentat contre l'unité de la patrie, en soulevant la capitale contre le gouvernement légal. A l'encontre de l'adieu des députés alsaciens-lorrains, si poignant dans sa mâle sobriété, elles ne soulevèrent d'ailleurs aucun émoi.

Gambetta, qui avait opté pour le Bas-Rhin, était en fait, lui aussi, démissionnaire. Il voulut cependant paraître aux obsèques solennelles que fit la ville de Bordeaux à M. Küss, député et dernier maire français de Strasbourg. Il prononça là une de ces harangues enflammées dont il avait le secret, demandant aux républicains « d'oublier leurs divisions et de s'unir étroitement dans la pensée patriotique d'une revanche qui sera la protestation du droit et de la justice contre la force et l'infamie. » C'était bien ; mais c'eût été mieux encore si, au lieu de ne s'adresser qu'à un parti, il eût prêché l'union de tous les Français.

Cependant, la question des préliminaires de paix une fois réglée, une autre surgissait, dont il fallait s'occuper sans délai. C'était celle du transfert de l'Assemblée nationale en un point moins excentrique. Mais pouvait-on sans péril rentrer à Paris ?

« J'avais laissé la capitale dans un état alarmant, a écrit Thiers. M. Jules Favre, aussitôt après mon départ, m'écrivait que si je n'y ramenais le gouvernement, il allait se démettre et tous ses collègues avec lui, car le parti révolutionnaire parisien se montrait de plus en plus difficile à contenir, prétendant qu'on restait à Bordeaux pour y proclamer la monarchie. »

En réalité, à ce moment, la cité, mal remise des souffrances d'un long siège et encore sous le coup des soubresauts qui l'avaient agitée, était plus troublée, plus inquiète, plus effervescente que jamais. Son état d'esprit différait très sensiblement de celui des campagnes, qui aspiraient à la paix et au calme, tandis qu'elle brûlait toujours de ce qu'on a appelé la fièvre obsidionale. La garde nationale, qui était payée, voulait conserver sa solde, et le prolétariat ne se souciait que fort peu de voir arriver le retour de l'ordre, qui devait l'obliger à remiser ses ardeurs. Les élections parisiennes n'avaient rien donné aux conservateurs, qui cependant fournissaient la majorité de l'Assemblée, et ceux-ci gardaient de cet ostracisme une rancune très nettement accusée. Ajoutez à cela qu'au milieu du tumulte des passions qui couvaient toujours dans la capitale et y avaient allumé des incendies à peine éteints, ils ne s'y seraient pas sentis en sûreté. Aussi ne souhaitaient-ils nullement d'y rentrer.

Thiers, de son côté, était hésitant, encore que désireux de trôner dans la ville des rois et des empereurs. Mais l'insuffisance de l'armée et de la police le préoccupait et il penchait pour Versailles, au moins en manière de pis-aller. Les monarchistes d'extrême droite, trouvant que c'était encore trop près du foyer brûlant, proposaient Orléans et même Bourges, tandis que les républicains ne voulaient rien céder du droit de Paris. Finalement, Versailles l'emporta, et l'Assemblée se sépara le 10 mars, après s'être donné rendez-vous pour le 20 dans le château de Louis XIV. La veille, Thiers avait signé avec les royalistes ce qu'on a appelé le « Pacte de Bordeaux, » c'est-à-dire que dans un discours très habile il avait semblé, comme le souhaitaient ceux-ci, complètement réserver l'avenir.

« Lorsque le pays sera réorganisé, nous viendrons ici vous dire : Le pays, vous nous l'avez confié sanglant, couvert de blessures, vivant à peine; nous vous le rendons un peu ranimé. C'est le moment de lui donner sa forme définitive et, je vous en donne la parole d'un honnête homme, aucune des questions qui auront été réservées n'aura été altérée par une infidélité de notre part. »

La majorité accueillit ces engagements par des applaudissements répétés, mais son aigreur à l'égard de celui qui faisait de telles promesses devait être un jour singulièrement accusée et violente quand furent déçus les espoirs qu'elles paraissaient lui ouvrir.

CHAPITRE VII

LES ALLEMANDS DANS PARIS

Revenons maintenant un peu en arrière pour épuiser la série des événements qui se sont passés au cours de l'armistice, lequel ne prit fin, comme il a été dit, que le 12 mars.

On a vu plus haut les conditions dans lesquelles avait été décidée l'entrée dans Paris d'une fraction de l'armée prussienne. C'était là, on le sait, une satisfaction d'amour-propre que réclamait impérieusement le chauvinisme d'outre-Rhin. Il est permis de dire, cependant, qu'après un long mois d'accalmie, cette manifestation, loin de ressembler à la prise de possession d'une ville conquise, n'était plus qu'une vaine bravade, dont il eût été aussi politique que généreux de s'abstenir. De fait, elle n'eut rien de majestueux ni d'épique, et l'orgueil allemand n'a pu y trouver qu'un assez maigre aliment. Ce n'est pas ainsi que les soldats de la Grande Armée sont entrés autrefois dans les capitales de l'Europe, quand leurs légions triomphantes en chassaient les monarques épouvantés.

Le gouvernement néanmoins n'était pas très rassuré et il avait pour cela d'assez bonnes raisons, la moindre collision pouvant tourner au désastre. Mais, en militaire avisé et plein d'expérience, le général Vinoy avait pris de sérieuses précautions. Deux cordons de troupes concentriques devaient barrer à tout groupe armé l'accès des quartiers livrés à l'ennemi. Le plus en arrière avait été réservé à la garde nationale. Encore ne voulut-elle marcher qu'en recevant double paye, et seulement, à quelques exceptions près, quand elle eut acquis la certitude qu'il n'y avait point de danger à courir! On ne vit en effet se produire aucun conflit. Mais ce ne fut point la faute des professionnels de l'émeute, toujours occupés à provoquer l'agitation et y réussissant malheureusement souvent d'une façon trop complète, ni même celle du général Trochu qui, jamais guéri de son incontinence de plume, avait cru devoir, le 19 février, adresser au journal *La Liberté* une épître emphatique où il demandait que, lorsque les Prussiens se présenteraient, on fermât les portes, afin qu'ils fussent obligés de les ouvrir par le canon, auquel Paris désarmé ne répondrait pas. Tant d'inconscience, chez un homme ayant exercé de hauts commandements et encore chef nominal du gouvernement, ne peut s'expliquer que par un affaissement des facultés mentales ou par un prurit d'écriture absolument incontinent.

Le 1er mars, à huit heures du matin, une forte avant-garde allemande, commandée par le général von Kamecke, franchissait les remparts par les portes Dauphine et Maillot. Marchant en ordre tactique, comme si elle allait à l'ennemi, elle contourna l'Arc de Triomphe de l'Étoile, qu'elle avait trouvé barricadé, et descendit l'avenue des Champs-Élysées jusqu'au palais de l'Industrie. Seul, l'état-major, d'ailleurs fort nombreux, alla faire le tour de la place de la Concorde, dont toutes les statues étaient voilées de crêpe. Tout autour, nous dit un témoin, Charles Yriarte, qui a donné de ce pénible épisode un récit très circonstancié, les fenêtres étaient closes, ainsi que les magasins, dont beaucoup portaient sur leurs volets ces mots : « Fermé pour cause de deuil national. » Des drapeaux noirs pendaient çà et là, et des draperies funèbres bouchaient les avenues aboutissant au quartier pestiféré. Dans les rues, personne, sinon quelques Anglais, ou des gens, plus rares encore, que poussait là une curiosité malséante. Quant aux malheureuses déclassées qui crurent pouvoir venir chercher fortune en ces lieux réprouvés, elles furent, à leur retour, copieusement huées, et certaines même fouettées publiquement.

L'ARMISTICE DE 1871

Ce même jour, à trois heures du soir, le gros du corps d'armée, après avoir été passé en revue dans la plaine de Longchamp par le roi et le prince royal — qui retournèrent immédiatement à Versailles, — fit son entrée, musique en tête et tambours battants. Aussitôt le général von Kamecke, se basant sur des engagements *verbaux* qui, disait-il, auraient été pris par nos négociateurs, fit connaître que, le lendemain, ses soldats visiteraient le Louvre et les Invalides. Il y avait dans cette exigence une menace de complications fort grave, que le général Vinoy essaya d'écarter en protestant que la convention ne stipulait rien de pareil. Il cherchait à gagner du temps, sachant par une dépêche de Jules Simon que l'acceptation des préliminaires de paix, laquelle mettait fin automatiquement à l'occupation, était imminente. Et de fait, moins d'une heure après la communication du général allemand, un nouveau télégramme annonçait à Jules Favre que l'Assemblée nationale avait ratifié ces préliminaires par 546 voix contre 107.

Naturellement, le ministre des Affaires étrangères s'empressa d'en aviser Bismarck, qui reçut la nouvelle à dix heures du soir. Mais le chancelier connaissait à fond les richesses du formalisme diplomatique et ne dédaignait point d'y chercher des armes, quand elles pouvaient servir ses haines ou sa politique de violence. Il répondit donc, le 2, à 7 h. 50 du matin, que, pour devenir valables, les préliminaires de paix devaient être signifiés par un instrument authentique signé de Thiers et des délégués de l'Assemblée, et dont on ferait l'échange avec celui que l'empereur allemand avait lui-même signé. C'était prolonger l'occupation d'au moins vingt-quatre heures, car malgré toute sa diligence, Thiers, porteur de la pièce demandée, et qui tout de suite était parti de Bordeaux par train spécial, ne pouvait arriver à Paris avant midi et à Versailles avant le soir. Il fallut donc subir sans se plaindre cette suprême insolence du vainqueur.

Toutefois le général Vinoy obtint du colonel von Putbus, délégué par le général allemand, que l'on renonçât à la visite des Invalides. Il avait montré quelles fâcheuses conséquences pourrait entraîner cette visite, au milieu d'une population surexcitée, et argué de ce fait indéniable que le monument en question se trouvant sur la rive gauche de la Seine échappait à toute occupation, de par les termes de la convention. L'entrée des soldats allemands dans le palais du Louvre, autour duquel grondait une foule malveillante, suffisait d'ailleurs à provoquer les plus redoutables manifestations.

Et il s'en produisit en effet d'assez inquiétantes, dès que les uniformes ennemis se montrèrent aux fenêtres. On avait éloigné les troupes françaises cantonnées dans les environs et masqué les grilles avec de grandes toiles. La place du Carrousel était déserte; les stores des appartements occupés par l'état-major français avaient été baissés. Mais des huées montaient de la rue, où les patrouilles de cavalerie avaient peine à disperser les attroupements. Quelques officiers prussiens s'étant montrés sur les balcons, on leur jeta des sous en criant : « Voilà le commencement des cinq milliards! » On les insulta et ils ripostèrent par des gros mots ou des gestes équivoques. La situation se tendait et l'on se demandait ce qui allait suivre lorsque, par bonheur, l'ordre arriva, envoyé par Versailles, de commencer l'évacuation. Le lendemain, à onze heures du matin, il ne restait plus dans Paris un soldat allemand.

Aussitôt, les nôtres allèrent reprendre possession des portes de la ville, pour empêcher la population de manifester à l'extérieur. Mais alors, une partie de celle-ci, se ruant aux Champs-Élysées, y mit à sac les établissements de cafetiers et restaurateurs qui, de gré ou de force, avaient donné asile à l'ennemi. Après quoi, ce quartier, un moment si agité, reprit son aspect ordinaire sans que, de leur vaine parade, les représentants de la horde germanique aient lieu de tirer grande vanité.

CONCLUSION

L A guerre était bien réellement terminée, et l'on pouvait maintenant être assuré qu'elle ne reprendrait pas. Restaient cependant dans la capitale des contingents nombreux dont la présence constituait, comme il a été dit déjà, un autre danger. Ces troupeaux de soldats désarmés, oisifs, en butte à toutes les provocations et à toutes les tentatives d'embauchage opérées avec une malfaisante opiniâtreté par les meneurs de la démagogie, mêlaient dans un assemblage disparate des hommes encore imbus d'un vague esprit militaire avec des bandes indociles et turbulentes, formant ainsi des cohues hétérogènes qui pouvaient parfaitement donner à l'occasion du renfort à l'armée de l'émeute, toujours en quête de l'heure et déjà bruyamment agitée.

On constatait en effet dans les bas-fonds de la capitale une grande fermentation, qui se traduisait

III

en rassemblements tumultueux et incendiaires.
Le 24 février, jour anniversaire de la Révolution
de 1848, un drapeau rouge fut planté au haut de la
colonne de Juillet, et le gouvernement ne prit même
pas la peine de le faire enlever. Il devait rester là
jusqu'à l'écrasement de la Commune. Les jours
suivants, ces manifestations séditieuses se renou-
velèrent, sous l'œil complaisant de beaucoup
d'officiers de la garde nationale. Des mobiles de la
Seine et des soldats s'y mêlaient, tandis que les
clubs rouverts prêchaient l'insurrection. Le 26,
un malheureux agent de police, nommé Vicensini,
appréhendé sur la place de la Bastille, était injurié,
frappé, puis noyé dans le canal après un long
martyre. M. Macé, commissaire de police aux
délégations judicaires, et un de ses inspecteurs,
ayant essayé d'intervenir, furent gravement mal-
traités et durent chercher un refuge à la caserne
des Célestins, d'où ils ne purent sortir qu'à la nuit
close. Alors seulement les pouvoirs publics s'ému-
rent sérieusement et chargèrent l'autorité militaire
de disperser la cohue des forcenés.

Elle agit aussitôt et avec vigueur. Mais elle ne
disposait que d'éléments déjà en partie gangrenés,
et il arriva que ceux-ci fraternisèrent bientôt avec
les émeutiers. « La situation était des plus graves,
a écrit le général Vinoy, qui donne le compte rendu
détaillé de ces sinistres journées; l'émeute était

entièrement organisée; elle avait des chefs, elle avait pillé des munitions, enlevé des canons et enfin elle cherchait et parvenait à attirer dans le mouvement les troupes régulières non armées auxquelles, au mépris de la convention, elle était prête à donner des armes. » Déjà un général, commandant de secteur, avait été un moment séquestré. La contagion gagnait de toutes parts et une explosion était à craindre, qui d'ailleurs ne manqua pas trois semaines plus tard.

Dans ces conditions, il devenait urgent de soustraire les soldats aux contaminations populaires en renvoyant au plus vite dans leurs foyers ceux qui étaient libérables, et les autres aux dépôts plus ou moins lointains de leurs corps respectifs. Mais l'opération n'allait pas toute seule; il fallait compter avec l'occupation allemande et avec l'état misérable des voies ferrées. On alla donc tout de suite au plus pressé, et on commença par licencier les mobiles de la Seine, qui se trouvaient tout rendus, et avaient donné, depuis leur constitution, les marques multipliées d'un esprit d'insubordination et de révolte dont les épreuves du siège n'avaient pas suffi à les complètement déshabituer.

Le 6 mars, ce fut au tour de ceux qui appartenaient aux départements les plus voisins de déposer le harnais. Ils ne le firent point sans quelque tumulte, ni sans protestations bruyantes de la part des moins favorisés. Les mobiles de l'Hérault, de la Côte-d'Or et de Saône-et-Loire firent les mutins, tandis que gardaient une attitude correcte et disciplinée les corps qui avaient montré le plus de courage, tels les régiments du Poitou, de la Bretagne et de la Vendée. Le 15 mars, toute la milice instituée par la loi de 1868 était dissoute. Elle avait eu, surtout en province, des journées honorables et même glorieuses, dont quelques défaillances fâcheuses ne sauraient effacer le souvenir.

Après elle, les douaniers, les forestiers et les marins, à qui on ne pouvait décerner que des éloges, furent dirigés sur leurs points d'attache, et il ne resta plus alors que 120 000 hommes d'armée active, qui furent mis en route, par étapes, le 15 mars. Ils formaient trois fortes colonnes, placées sous les ordres d'un général et accompagnées d'un intendant chargé de pourvoir à leur subsistance. La première fut dirigée sur Orléans, la deuxième sur Chartres, la troisième sur Évreux. En ces trois villes se fit la dislocation, qui rendait les uns à la vie civile, les autres à celle du régiment. Ils n'avaient pas quitté la capitale depuis plus de trois jours que la Commune inaugurait ses sanglantes saturnales par l'assassinat des généraux Lecomte et Clément Thomas (18 mars).

***

La lutte acharnée que la France soutenait, non sans honneur, depuis six mois, pour sauver son intégrité et briser l'hégémonie allemande, venait de se terminer par une capitulation définitive et générale. Nous en sortions meurtris et déchirés, sans autre consolation que l'espoir d'une revanche lointaine, qui est venue à force de volonté, de travail et d'héroïsme, mais qui s'est fait attendre près de cinquante ans. Cette douloureuse solution était-elle inévitable, ou bien pouvions-nous sinon y échapper, au moins la rendre moins cruelle? C'est ce qu'il y a lieu maintenant de préciser en quelques mots.

Une première faute, et à peu près irrémédiable, a été commise par le gouvernement de la Défense nationale quand, malgré les instances de Gambetta, il s'est refusé à abandonner la capitale au seul commandement militaire et à transférer en province le siège du pouvoir qu'il venait de s'attribuer. Il n'eût pas dû solidariser aussi étroitement le sort de la France à celui de Paris, ni subordonner le résultat des efforts du pays à celui qu'une place forte, si importante fût-elle, pourrait obtenir. Et il y avait à cela deux raisons, l'une politique, l'autre militaire. On s'étonne que leur rigueur ne se soit pas imposée tout de suite à ses réflexions.

Assurément, son prestige à l'extérieur était mince et son autorité peu consistante. Il n'en constituait pas moins une autorité, et la seule qui eût, par la force des faits acquis, qualité pour parler au nom de la France et la représentât devant l'étranger. La Délégation de Tours, plus tard de Bordeaux, n'était, au point de vue diplomatique, qu'une ombre. Ses pouvoirs étaient limités et si, rendue indépendante de fait par les événements, elle a pu exercer en province une sorte de dictature, le droit de négocier lui était refusé, sans compter qu'elle devait perdre instantanément son autonomie devant le gouvernement central débloqué. Alors, pourquoi celui-ci s'était-il frappé d'immobilité en s'enfermant dans une place assiégée, tandis que, seule, une minime fonction de lui-même, qui n'avait aucun droit souverain, conservait la liberté d'agir? L'erreur politique est là.

Quant à l'erreur militaire, elle a été plus fatale encore. On peut dire même qu'elle est double, car, d'une part, enclore dans une enceinte fortifiée tout ce qu'on avait de forces sous la main pour n'obéir ensuite qu'à la seule suggestion de les en faire sortir, était déjà de l'illogisme, et du plus incohérent. Quant à imposer ensuite aux armées de province, comme but essentiel, la délivrance de la capitale, avec le sort de laquelle celui de la France elle-même avait été maladroitement lié, c'était, au point de vue militaire, une simple hérésie. Autrement se fût posée la question si Paris n'étant considéré que comme une place forte, d'importance très considérable sans doute, mais n'enserrant pas entre ses murailles toutes les destinées de la patrie, les armées levées après Sedan avaient conservé leur liberté de manœuvre et la faculté d'agir au mieux des circonstances, soit sur les flancs, soit même sur les derrières de l'immense ligne de communications ennemie.

Peut-être alors la lutte, dégagée des entraves imposées par la poursuite obstinée d'un but restreint, eût-elle accusé tout de suite de meilleures tendances. La situation de Paris n'en eût pas été changée sans doute, puisque la ville a bien été forcée de se défendre toute seule; mais les opérations en province auraient très probablement été conduites avec plus d'ampleur et surtout de logique. Le sort d'une grande place est toujours mieux assuré par les succès obtenus en rase campagne que par l'issue plus ou moins brillante des combats livrés sous ses remparts. Témoins le déblocus de Maubeuge en 1793, après la bataille de Wattignies, et l'Italie tout entière reconquise, en 1800, par la victoire de Marengo.

N'écrivant pas ici l'histoire du siège de Paris,

mais seulement celle de sa fin déplorable, nous ne nous étendrons pas sur la faiblesse d'un pouvoir exercé par des idéologues qui s'imaginaient être en droit d'appliquer à une situation exceptionnelle des procédés de gouvernement chimériques et exclusifs de toute fermeté. Dominés par une terreur presque maladive de l'opinion publique, que menaient quelques turbulents personnages échappant à toute responsabilité et se dispensant généralement de tout devoir, les hommes du 4 septembre ne songeaient qu'à composer avec les fauteurs de désordre, plutôt qu'à les mettre hors d'état de nuire. C'est qu'il leur fallait ménager les révolutionnaires professionnels, sur qui ils s'étaient appuyés naguère et qui maintenant leur tenaient la dragée haute. Ajoutez à cela l'impunité d'une presse dont aucun frein ne contenait la licence, et celle de clubs qui voulaient singer les anciens Jacobins, enfin la prédominance constante des considérations politiques sur celles du salut public, et vous connaîtrez les vices constitutionnels d'un gouvernement qui n'existait que pour se voir tous les jours plus discuté, plus combattu et plus méprisé.

Ce gouvernement trouvait-il au moins quelque remède à sa nullité dans une direction plus experte des affaires militaires? Hélas! Là aussi éclataient son impuissance et son incapacité. Il avait à sa tête une sorte de rêveur grandiloquent, qui donnait au verbiage le temps qu'eût réclamé l'action et manquait vraiment trop de ce sens pratique qui est la première qualité du chef de guerre. Le général Trochu, commandant en chef des forces de la capitale, perdait ses journées en conceptions nébuleuses, mais ne cherchait ni à améliorer ses troupes, ni même à les utiliser toutes. Alors qu'il aurait pu et dû ramener au devoir, par une forte discipline, les bataillons tapageurs des mobiles de la Seine, militariser la garde nationale et exiger d'elle qu'elle apportât sur les champs de bataille au moins une partie de l'ardeur qu'elle dépensait en manifestations séditieuses, il laissait impunis les actes les plus coupables et substituait à l'efficacité d'une répression devenue nécessaire l'arme émoussée de proclamations verbeuses dont on se moquait. Il arriva ainsi que, malgré une énorme supériorité numérique, l'armée de Paris ne parvint à engager presque partout, sauf dans les batailles de la Marne, que des effectifs trop faibles, ou parfois même des éléments sans valeur.

D'ailleurs, Trochu s'entendait assez mal avec son premier lieutenant, le général Ducrot, qui, très judicieusement, se prononçait avec énergie pour la défense active, tandis que lui s'obstinait dans la conception stérile des combats rapprochés. Loin de lui faciliter sa tâche, il l'entravait trop souvent par une intervention personnelle, donnant ses troupes comme à regret, puis bridant leurs efforts par des mesures inopportunes ou timorées. Ducrot était à la vérité un soldat ardent, impétueux et peut-être à l'occasion trop exclusif. Mais il lui était difficile de déployer toujours ses qualités propres, sous un chef indécis, manquant de confiance autant que de méthode, et qu'effrayait chez les autres une audace dont il était lui-même dépourvu.

Il n'y a certes pas à s'illusionner sur les difficultés énormes que la garnison d'une place forte rencontre pour briser le cercle qui l'étreint. Il faut compter aussi avec les approvisionnements qui, surtout dans une ville de deux millions d'âmes, arrivent tôt ou tard à l'épuisement. Pour cette double raison, on aurait dû se garder d'engouffrer sous les murs de Paris des forces importantes qui eussent certainement été mieux utilisées ailleurs et dont le sort pouvait être prévu. Une ville assiégée est une ville prise, a-t-on dit. Elle ne doit donc jamais devenir, pour des troupes qui ne se trouvent pas fatalement condamnées à la claustration, un lieu de refuge et encore moins d'élection.

Mais cette erreur ayant été commise, reste à savoir si une conception différente de la défense n'aurait pas retardé la chute inévitable, ou si demeurait interdite une plus adroite utilisation des moyens. Or, sur ce point, le doute n'est plus permis, quand on sait que la tentative de sortie par la Marne, opération décisive du siège, a échoué en partie parce que des considérations étrangères à son exécution en avaient rendu la préparation trop hâtive. Pour les autres, elles furent toutes plus ou moins épisodiques et ne découlèrent jamais d'un plan arrêté rigoureusement. Dans ces conditions, et en présence d'un adversaire aussi redoutable qu'était l'Allemagne en armes, il n'y avait aucun espoir à fonder sur le succès, et la Délégation se trompait lourdement quand elle assignait comme but principal aux efforts de ses soldats la jonction avec la capitale. Quelqu'un alors voyait plus juste qu'elle. C'était Chanzy ; quand il demandait avec instance qu'on élargît les conditions de la guerre et qu'on prît pour objectif les fragiles communications de l'ennemi....

Les hostilités terminées contre celui-ci, il fallut terrasser la Commune, et plus de deux mois durent être employés à cette triste besogne. Mais, après la saturnale, quel réveil de toutes les activités, de toutes les intelligences, de tous les bons vouloirs ! L'or versé aux Allemands rentrait par toutes les

L'ARMISTICE DE 1871

portes de l'industrie et du commerce. Le génie national enfantait, dans l'art et la littérature, de nouvelles beautés. L'armée, humiliée d'une défaite dans laquelle elle avait sa part de responsabilité, se mettait résolument à l'œuvre et, repliée sur elle-même, préparait silencieusement les réparations souhaitées. Et sur le pays, qui travaillait d'un même cœur à son relèvement, planaient de grandes espérances, vivifiées par le culte des plus nobles instincts. Ce fut une belle époque pour la France, engagée par des hommes sages dans une politique de prudence et de restauration.

Depuis, nous avons signé un autre armistice, qui devait nous venger du premier. Il dépouillait l'Allemagne de son auréole d'invincibilité et la réduisait au rôle de suppliante. Il arrive cependant qu'aujourd'hui, après huit ans écoulés, c'est elle qui se redresse, et nous qui nous débattons dans l'inquiétude et la gêne. Est-ce donc que pour redevenir grands et forts il faut avoir été vaincus?

Non! mais il faut avoir à sa tête des hommes qui, ancrés dans leurs résolutions et capables de se dégager des mesquines sujétions de l'intrigue électorale, sachent à la fois se fortifier des leçons du passé et scruter du regard les profondeurs de l'avenir.

TABLE DES MATIÈRES

9 782329 195773